Zweig | Brief einer Unbekannten

AF639325

Stefan Zweig

Brief einer Unbekannten

Novelle

Mit einem Nachwort von Klemens Renoldner

Reclam

Der Verlag behält sich die Verwertung der urheberrechtlich geschützten Inhalte dieses Werkes für Zwecke des Text- und Data-Minings nach § 44b UrhG ausdrücklich vor. Jegliche unbefugte Nutzung ist ausgeschlossen.

RECLAMS UNIVERSAL-BIBLIOTHEK Nr. 14577
2024 Philipp Reclam jun. Verlag GmbH,
Siemensstraße 32, 71254 Ditzingen
info@reclam.de
Gestaltung: Cornelia Feyll, Friedrich Forssman
Druck und Bindung: Elanders Waiblingen GmbH,
Anton-Schmidt-Straße 15, 71332 Waiblingen
Printed in Germany 2026
RECLAM, UNIVERSAL-BIBLIOTHEK und
RECLAMS UNIVERSAL-BIBLIOTHEK sind eingetragene Marken
der Philipp Reclam jun. GmbH & Co. KG, Stuttgart
ISBN 978-3-15-014577-7
reclam.de

Brief einer Unbekannten

Als der bekannte Romanschriftsteller R. frühmorgens von dreitägigem erfrischendem Ausflug ins Gebirge wieder nach Wien zurückkehrte und am Bahnhof eine Zeitung kaufte, wurde er, kaum dass er das Datum überflog, erinnernd gewahr, dass heute sein Geburtstag sei. Der einundvierzigste, besann er sich rasch, und diese Feststellung tat ihm nicht wohl und nicht weh. Flüchtig überblätterte er die knisternden Seiten der Zeitung und fuhr mit einem Mietautomobil in seine Wohnung. Der Diener meldete aus der Zeit seiner Abwesenheit zwei Besuche sowie einige Telefonanrufe und überbrachte auf einem Tablett die angesammelte Post. Lässig sah er den Einlauf an, riss ein paar Kuverts auf, die ihn durch ihre Absender interessierten; einen Brief, der fremde Schriftzüge trug und zu umfangreich schien, schob er zunächst beiseite. Inzwischen war der Tee aufgetragen worden, bequem lehnte er sich in den Fauteuil, durchblätterte noch einmal die Zeitung und einige Drucksachen; dann zündete er sich eine Zigarre an und griff nun nach dem zurückgelegten Briefe.

Es waren etwa zwei Dutzend hastig beschriebene Seiten in fremder, unruhiger Frauenschrift, ein Manuskript eher als ein Brief. Unwillkürlich betastete er noch einmal das Kuvert, ob nicht darin ein Begleitschreiben vergessen geblieben wäre. Aber der Umschlag war leer und trug so wenig wie die Blätter selbst eine Absenderadresse oder eine Unterschrift. Seltsam, dachte er, und nahm das Schreiben wieder zur Hand. »Dir, der du mich nie gekannt«, stand oben als Anruf, als Überschrift. Verwundert hielt er inne: Galt das ihm, galt das einem erträumten Menschen? Seine Neugier war plötzlich wach. Und er begann zu lesen:

*

Mein Kind ist gestern gestorben – drei Tage und drei Nächte habe ich mit dem Tode um dies kleine, zarte Leben gerungen, vierzig Stunden bin ich, während die Grippe seinen armen, heißen Leib im Fieber schüttelte, an seinem Bette gesessen. Ich habe Kühles um seine glühende Stirn getan, ich habe seine unruhigen, kleinen Hände gehalten Tag und Nacht. Am dritten Abend bin ich zusammengebrochen. Meine Augen konnten nicht mehr, sie fielen zu, ohne dass ich es wusste. Drei Stunden oder vier war ich auf dem harten Sessel eingeschlafen, und indes hat der Tod ihn genommen. Nun liegt er dort, der süße, arme Knabe, in seinem schmalen Kinderbett, ganz so wie er starb; nur die Augen hat man ihm geschlossen, seine klugen, dunkeln Augen, die Hände über dem weißen Hemd hat man ihm gefaltet, und vier Kerzen brennen hoch an den vier Enden des Bettes. Ich wage nicht hinzusehen, ich wage nicht mich zu rühren, denn wenn sie flackern, die Kerzen, huschen Schatten über sein Gesicht und den verschlossenen Mund, und es ist dann so, als regten sich seine Züge, und ich könnte meinen, er sei nicht tot, er würde wieder erwachen und mit seiner hellen Stimme etwas Kindlich-Zärtliches zu mir sagen. Aber ich weiß es, er ist tot, ich will nicht hinsehen mehr, um nicht noch einmal zu hoffen, nicht noch einmal enttäuscht zu sein. Ich weiß es, ich weiß es, mein Kind ist gestern gestorben – jetzt habe ich nur dich mehr auf der

Welt, nur dich, der du von mir nichts weißt, der du indes ahnungslos spielst oder mit Dingen und Menschen tändelst. Nur dich, der du mich nie gekannt und den ich immer geliebt.

Ich habe die fünfte Kerze genommen und hier zu dem Tisch gestellt, auf dem ich an dich schreibe. Denn ich kann nicht allein sein mit meinem toten Kinde, ohne mir die Seele auszuschreien, und zu wem sollte ich sprechen in dieser entsetzlichen Stunde, wenn nicht zu dir, der du mir alles warst und alles bist! Vielleicht kann ich nicht ganz deutlich zu dir sprechen, vielleicht verstehst du mich nicht – mein Kopf ist ja ganz dumpf, es zuckt und hämmert mir an den Schläfen, meine Glieder tun so weh. Ich glaube, ich habe Fieber, vielleicht auch schon die Grippe, die jetzt von Tür zu Tür schleicht, und das wäre gut, denn dann ginge ich mit meinem Kinde und müsste nichts tun wider mich. Manchmal wird's mir ganz dunkel vor den Augen, vielleicht kann ich diesen Brief nicht einmal zu Ende schreiben – aber ich will alle Kraft zusammentun, um einmal, nur dieses eine Mal zu dir zu sprechen, du mein Geliebter, der du mich nie erkannt.

Zu dir allein will ich sprechen, dir zum ersten Mal alles sagen; mein ganzes Leben sollst du wissen, das immer das deine gewesen und um das du nie gewusst. Aber du sollst mein Geheimnis nur kennen, wenn ich tot bin, wenn du mir nicht mehr Antwort geben musst, wenn das, was mir die Glieder jetzt so kalt und heiß schüttelt, wirklich das Ende ist. Muss ich weiterleben, so zerreiße ich diesen Brief und werde weiter schweigen, wie ich immer schwieg. Hältst du ihn aber in Händen, so weißt du, dass hier eine Tote dir ihr Leben erzählt, ihr Leben, das das deine war von ihrer ersten bis zu ihrer letzten wachen Stunde. Fürchte dich nicht vor meinen Worten; eine Tote will nichts mehr, sie will nicht Liebe und nicht Mitleid und nicht Tröstung. Nur dies eine will ich von dir, dass du mir alles glaubst, was mein zu dir hinflüchtender Schmerz dir verrät. Glaube mir alles, nur dies eine bitte ich dich: Man lügt nicht in der Sterbestunde eines einzigen Kindes.

Mein ganzes Leben will ich dir verraten, dies Leben, das wahrhaft erst begann mit dem Tage, da ich dich kannte. Vorher war bloß etwas Trübes und Verworrenes, in das mein Erinnern nie mehr hinabtauchte, irgendein Keller von verstaubten, spinnverwebten, dumpfen Dingen und Menschen, von denen mein Herz nichts mehr weiß. Als du kamst, war ich dreizehn Jahre und wohnte im selben Hause, wo du jetzt wohnst, in demselben Hause, wo du diesen Brief, meinen letzten Hauch Leben, in Händen hältst, ich wohnte auf demselben Gange, gerade der Tür deiner Wohnung gegenüber. Du erinnerst dich gewiss nicht mehr an uns, an die ärmliche Rechnungsratswitwe (sie ging immer in Trauer) und das halbwüchsige, magere Kind – wir waren ja ganz still, gleichsam hinabgetaucht in unsere kleinbürgerliche Dürftigkeit –, du hast vielleicht nie unseren Namen gehört, denn wir hatten kein Schild auf unserer Wohnungstür, und niemand kam, niemand fragte nach uns. Es ist ja auch schon so lange her, fünfzehn, sechzehn Jahre, nein, du weißt es gewiss nicht mehr, mein Geliebter, ich aber, oh, ich erinnere mich leidenschaftlich an jede Einzelheit, ich weiß noch wie heute den Tag, nein, die Stunde, da ich zum ersten Mal von dir hörte, dich zum ersten Mal sah, und wie sollte ich's auch nicht, denn damals begann ja die Welt für mich. Dulde, Geliebter, dass ich dir alles, alles von

Anfang erzähle, werde, ich bitte dich, die eine Viertelstunde von mir zu hören nicht müde, die ich ein Leben lang dich zu lieben nicht müde geworden bin.

Ehe du in unser Haus einzogst, wohnten hinter deiner Tür hässliche, böse, streitsüchtige Leute. Arm wie sie waren, hassten sie am meisten die nachbarliche Armut, die unsere, weil sie nichts gemein haben wollte mit ihrer herabgekommenen, proletarischen Rohheit. Der Mann war ein Trunkenbold und schlug seine Frau; oft wachten wir auf in der Nacht vom Getöse fallender Stühle und zerklirrter Teller, einmal lief sie, blutig geschlagen, mit zerfetzten Haaren auf die Treppe, und hinter ihr grölte der Betrunkene, bis die Leute aus den Türen kamen und ihn mit der Polizei bedrohten. Meine Mutter hatte von Anfang an jeden Verkehr mit ihnen vermieden und verbot mir, zu den Kindern zu sprechen, die sich dafür bei jeder Gelegenheit an mir rächten. Wenn sie mich auf der Straße trafen, riefen sie schmutzige Worte hinter mir her und schlugen mich einmal so mit harten Schneeballen, dass mir das Blut von der Stirne lief. Das ganze Haus hasste mit einem gemeinsamen Instinkt diese Menschen, und als plötzlich einmal etwas geschehen war – ich glaube, der Mann wurde wegen eines Diebstahls eingesperrt – und sie mit ihrem Kram ausziehen mussten, atmeten wir alle auf. Ein paar Tage hing der Vermietungszettel am Haustore, dann wurde er heruntergenommen, und durch den Hausmeister verbreitete es sich rasch, ein Schriftsteller, ein einzelner, ruhiger Herr, habe die Wohnung genommen. Damals hörte ich zum ersten Mal deinen Namen.

Nach ein paar Tagen schon kamen Maler, Anstreicher, Zimmerputzer, Tapezierer, die Wohnung nach ihren schmierigen Vorbesitzern reinzufegen, es wurde gehämmert, geklopft, geputzt und gekratzt, aber die Mutter war nur zufrieden damit, sie sagte, jetzt werde endlich die unsaubere Wirtschaft drüben ein Ende haben. Dich selbst bekam ich, auch während der Übersiedlung, noch nicht zu Gesicht: Alle diese Arbeiten überwachte dein Diener, dieser kleine, ernste, grauhaarige Herrschaftsdiener, der alles mit einer leisen, sachlichen Art von oben herab dirigierte. Er imponierte uns allen sehr, erstens weil in unserem Vorstadthaus ein Herrschaftsdiener etwas ganz Neuartiges war, und dann, weil er zu allen so ungemein höflich war, ohne sich deshalb mit den Dienstboten auf eine Stufe zu stellen und in kameradschaftliche Gespräche einzulassen. Meine Mutter grüßte er vom ersten Tage an respektvoll als eine Dame, sogar zu mir Fratzen war er immer zutraulich und ernst. Wenn er deinen Namen nannte, so geschah das immer mit einer gewissen Ehrfurcht, mit einem besonderen Respekt – man sah gleich, dass er dir weit über das Maß des gewohnten Dienens anhing. Und wie habe ich ihn dafür geliebt, den guten alten Johann, obwohl ich ihn beneidete, dass er immer um dich sein durfte und dir dienen.

Ich erzähle dir all das, du Geliebter, all diese kleinen, fast lächerlichen Dinge, damit du verstehst, wie du von Anfang an schon eine solche Macht gewinnen konntest über das scheue, verschüchterte Kind, das ich war. Noch ehe du selbst in mein Leben getreten, war schon ein Nimbus um dich, eine Sphäre von Reichtum, Sonderbarkeit und Geheimnis – wir alle in dem kleinen Vorstadthaus (Menschen, die ein enges Leben haben, sind ja immer neugierig auf alles Neue vor ihren Türen) warteten schon ungeduldig auf deinen Einzug. Und diese Neugier nach dir, wie steigerte sie sich erst bei mir, als ich eines Nachmittags von der Schule nach Hause kam und der Möbelwagen vor dem Hause stand. Das meiste, die schweren Stücke, hatten die Träger schon hinaufbefördert, nun trug man einzeln kleinere Sachen hinauf; ich blieb an der Tür stehen, um alles bestaunen zu können, denn alle deine Dinge waren so seltsam anders, wie ich sie nie gesehen; es gab da indische Götzen, italienische Skulpturen, ganz grelle, große Bilder, und dann zum Schluss kamen Bücher, so viele und so schöne, wie ich es nie für möglich gehalten. An der Tür wurden sie alle aufgeschichtet, dort übernahm sie der Diener und schlug mit Stock und Wedel sorgfältig den Staub aus jedem einzelnen. Ich schlich neugierig um den immer wachsenden Stoß herum, der Diener wies mich nicht weg, aber er ermutigte mich auch nicht; so wagte ich keines anzurühren, obwohl ich das weiche Leder von manchen gern befühlt hätte. Nur die Titel sah ich scheu von der Seite an: Es waren französische, englische darunter und manche in Sprachen, die ich nicht verstand. Ich glaube, ich hätte sie stundenlang alle angesehen: Da rief mich die Mutter hinein.

Den ganzen Abend dann musste ich an dich denken; noch ehe ich dich kannte. Ich besaß selbst nur ein Dutzend billige, in zerschlissene Pappe gebundene Bücher, die ich über alles liebte und immer wieder las. Und nun bedrängte mich dies, wie der Mensch sein müsste, der all diese vielen herrlichen Bücher besaß und gelesen hatte, der alle diese Sprachen wusste, der so reich war und so gelehrt zugleich. Eine Art überirdischer Ehrfurcht verband sich mir mit der Idee dieser vielen Bücher. Ich suchte dich mir im Bilde vorzustellen: Du warst ein alter Mann mit einer Brille und einem weißen langen Barte, ähnlich wie unser Geographieprofessor, nur viel gütiger, schöner und milder – ich weiß nicht, warum ich damals schon gewiss war, du müsstest schön sein, wo ich noch an dich wie einen alten Mann dachte. Damals in jener Nacht und noch ohne dich zu kennen, habe ich das erste Mal von dir geträumt.

Am nächsten Tage zogst du ein, aber trotz allen Spähens konnte ich dich nicht zu Gesicht bekommen – das steigerte nur meine Neugier. Endlich, am dritten Tage, sah ich dich, und wie erschütternd war die Überraschung für mich, dass du so anders warst, so ganz ohne Beziehung zu dem kindlichen Gottvaterbilde. Einen bebrillten gütigen Greis hatte ich mir geträumt, und da kamst du – du, ganz so, wie du noch heute bist, du Unwandelbarer, an dem die Jahre lässig abgleiten! Du trugst eine hellbraune, entzückende Sportdress und liefst in deiner unvergleichlich leichten knabenhaften Art die Treppe hinauf, immer zwei Stufen auf einmal nehmend. Den Hut trugst du in der Hand, so sah ich mit einem gar nicht zu schildernden Erstaunen dein helles, lebendiges Gesicht mit dem jungen Haar: Wirklich, ich erschrak vor Erstaunen, wie jung, wie hübsch, wie federndschlank und elegant du warst. Und ist es nicht seltsam: In dieser ersten Sekunde empfand ich ganz deutlich das, was ich und alle anderen an dir als so einzig mit einer Art Überraschung immer wieder empfinden: dass du irgendein zwiefacher Mensch bist, ein heißer, leichtlebiger, ganz dem Spiel und dem Abenteuer hingegebener Junge, und gleichzeitig in deiner Kunst ein unerbittlich ernster, pflichtbewusster, unendlich belesener und gebildeter Mann. Unbewusst empfand ich, was dann jeder bei dir spürte, dass du ein Doppelleben führst, ein Leben mit einer hellen, der

Welt offen zugekehrten Fläche, und einer ganz dunkeln, die du nur allein kennst – diese tiefste Zweiheit, das Geheimnis deiner Existenz, sie fühlte ich, die Dreizehnjährige, magisch angezogen, mit meinem ersten Blick.

Verstehst du nun schon, Geliebter, was für ein Wunder, was für eine verlockende Rätselhaftigkeit du für mich, das Kind, sein musstest! Einen Menschen, vor dem man Ehrfurcht hatte, weil er Bücher schrieb, weil er berühmt war in jener anderen großen Welt, plötzlich als einen jungen, eleganten, knabenhaft heiteren, fünfundzwanzigjährigen Mann zu entdecken! Muss ich dir noch sagen, dass von diesem Tage an in unserem Hause, in meiner ganzen armen Kinderwelt mich nichts interessierte als du, dass ich mit dem ganzen Starrsinn, der ganzen bohrenden Beharrlichkeit einer Dreizehnjährigen nur mehr um dein Leben, um deine Existenz herumging. Ich beobachtete dich, ich beobachtete deine Gewohnheiten, beobachtete die Menschen, die zu dir kamen, und all das vermehrte nur, statt sie zu mindern, meine Neugier nach dir selbst, denn die ganze Zwiefältigkeit deines Wesens drückte sich in der Verschiedenheit dieser Besuche aus. Da kamen junge Menschen, Kameraden von dir, mit denen du lachtest und übermütig warst, abgerissene Studenten, und dann wieder Damen, die in Autos vorfuhren, einmal der Direktor der Oper, der große Dirigent, den ich ehrfürchtig nur am Pulte von fern gesehen, dann wieder kleine Mädel, die noch in die Handelsschule gingen und verlegen in die Tür hineinhuschten, überhaupt viel, sehr viel Frauen. Ich dachte mir nichts Besonderes dabei, auch nicht, als ich eines Morgens, wie ich zur Schule ging, eine Dame ganz verschleiert von dir weggehen sah – ich war ja erst dreizehn Jahre alt, und die leidenschaftliche Neugier, mit der ich dich umspähte und belauerte, wusste im Kinde noch nicht, dass sie schon Liebe war.

Aber ich weiß noch genau, mein Geliebter, den Tag und die Stunde, wann ich ganz und für immer an dich verloren war. Ich hatte mit einer Schulfreundin einen Spaziergang gemacht, wir standen plaudernd vor dem Tor. Da kam ein Auto angefahren, hielt an, und schon sprangst du mit deiner ungeduldigen, elastischen Art, die mich noch heute an dir immer hinreißt, vom Trittbrett und wolltest in die Tür. Unwillkürlich zwang es mich, dir die Tür aufzumachen, und so trat ich dir in den Weg, dass wir fast zusammengerieten. Du sahst mich an mit jenem warmen, weichen, einhüllenden Blick, der wie eine Zärtlichkeit war, lächeltest mir – ja, ich kann es nicht anders sagen, als: zärtlich zu und sagtest mit einer ganz leisen und fast vertraulichen Stimme: »Danke vielmals, Fräulein.«

Das war alles, Geliebter; aber von dieser Sekunde, seit ich diesen weichen, zärtlichen Blick gespürt, war ich dir verfallen. Ich habe ja später, habe es bald erfahren, dass du diesen umfangenden, an dich ziehenden, diesen umhüllenden und doch zugleich entkleidenden Blick, diesen Blick des gebornen Verführers, jeder Frau hingibst, die an dich streift, jedem Ladenmädchen, das dir verkauft, jedem Stubenmädchen, das dir die Tür öffnet, dass dieser Blick bei dir gar nicht bewusst ist als Wille und Neigung, sondern dass deine Zärtlichkeit zu Frauen ganz unbewusst deinen Blick weich und warm werden lässt, wenn er sich ihnen zuwendet. Aber ich, das dreizehnjährige Kind, ahnte das nicht: Ich war wie in Feuer getaucht. Ich glaubte, die Zärtlichkeit gelte nur mir, nur mir allein, und in dieser einen Sekunde war die

Frau in mir, der Halbwüchsigen, erwacht und war diese Frau dir für immer verfallen.

»Wer war das?«, fragte meine Freundin. Ich konnte ihr nicht gleich antworten. Es war mir unmöglich, deinen Namen zu nennen: Schon in dieser einen, dieser einzigen Sekunde war er mir heilig, war er mein Geheimnis geworden. »Ach, irgendein Herr, der hier im Hause wohnt«, stammelte ich dann ungeschickt heraus. »Aber warum bist du denn so rot geworden, wie er dich angeschaut hat«, spottete die Freundin mit der ganzen Bosheit eines neugierigen Kindes. Und eben weil ich fühlte, dass sie an mein Geheimnis spottend rühre, fuhr mir das Blut noch heißer in die Wangen. Ich wurde grob aus Verlegenheit. »Blöde Gans«, sagte ich wild: Am liebsten hätte ich sie erdrosselt. Aber sie lachte nur noch lauter und höhnischer, bis ich fühlte, dass mir die Tränen in die Augen schossen vor ohnmächtigem Zorn. Ich ließ sie stehen und lief hinauf.

Von dieser Sekunde an habe ich dich geliebt. Ich weiß, Frauen haben dir, dem Verwöhnten, oft dieses Wort gesagt. Aber glaube mir, niemand hat dich so sklavisch, so hündisch, so hingebungsvoll geliebt als dieses Wesen, das ich war und das ich für dich immer geblieben bin, denn nichts auf Erden gleicht der unbemerkten Liebe eines Kindes aus dem Dunkel, weil sie so hoffnungslos, so dienend, so unterwürfig, so lauernd und leidenschaftlich ist, wie niemals die begehrende und unbewusst doch fordernde Liebe einer erwachsenen Frau. Nur einsame Kinder können ganz ihre Leidenschaft zusammenhalten: Die anderen zerschwätzen ihr Gefühl in Geselligkeit, schleifen es ab in Vertraulichkeiten, sie haben von Liebe viel gehört und gelesen und wissen, dass sie ein gemeinsames Schicksal ist. Sie spielen damit, wie mit einem Spielzeug, sie prahlen damit, wie Knaben mit ihrer ersten Zigarette. Aber ich, ich hatte ja niemand, um mich anzuvertrauen, war von keinem belehrt und gewarnt, war unerfahren und ahnungslos: Ich stürzte hinein in mein Schicksal wie in einen Abgrund. Alles, was in mir wuchs und aufbrach, wusste nur dich, den Traum von dir, als Vertrauten: Mein Vater war längst gestorben, die Mutter mir fremd in ihrer ewig unheiteren Bedrücktheit und Pensionistenängstlichkeit, die halbverdorbenen Schulmädchen stießen mich ab, weil sie so leichtfertig mit dem spielten, was mir letzte Leidenschaft war – so warf ich alles, was sich sonst zersplittert und verteilt, warf ich mein ganzes zusammengepresstes und immer wieder ungeduldig aufquellendes Wesen dir entgegen. Du warst mir – wie soll ich es dir sagen? jeder einzelne Vergleich ist zu gering –, du warst eben alles, mein ganzes Leben. Alles existierte nur insofern, als es Bezug hatte auf dich, alles in meiner Existenz hatte nur Sinn, wenn es mit dir verbunden war. Du verwandeltest mein ganzes Leben. Bisher gleichgültig und mittelmäßig in der Schule, wurde ich plötzlich die Erste, ich las tausend Bücher bis tief in die Nacht, weil ich wusste, dass du die Bücher liebtest, ich begann, zum Erstaunen meiner Mutter, plötzlich mit fast störrischer Beharrlichkeit Klavier zu üben, weil ich glaubte, du liebtest Musik. Ich putzte und nähte an meinen Kleidern, nur um gefällig und proper vor dir auszusehen, und dass ich an meiner alten Schulschürze (sie war ein zugeschnittenes Hauskleid meiner Mutter) links einen eingesetzten viereckigen Fleck hatte, war mir entsetzlich. Ich fürchtete, du könntest ihn bemerken und mich verachten; darum drückte ich immer die Schultasche darauf, wenn ich die Treppen hinauflief, zitternd vor Angst, du würdest ihn sehen. Aber wie töricht war das: Du hast mich ja nie, fast nie mehr angesehen.

Und doch: Ich tat eigentlich den ganzen Tag nichts als auf dich warten und dich belauern. An unserer Tür war ein kleines messingenes Guckloch, durch dessen kreisrunden Ausschnitt man hinüber auf deine Tür sehen konnte. Dieses Guckloch – nein, lächle nicht, Geliebter, noch heute, noch heute schäme ich mich jener Stunden nicht! – war mein Auge in die Welt hinaus, dort, im eiskalten Vorzimmer, scheu vor dem Argwohn der Mutter, saß ich in jenen Monaten und Jahren, ein Buch in der Hand, ganze Nachmittage auf der Lauer, gespannt wie eine Saite und klingend, wenn deine Gegenwart sie berührte. Ich war immer um dich, immer in Spannung und Bewegung; aber du konntest es so wenig fühlen wie die Spannung der Uhrfeder, die du in der Tasche trägst und die geduldig im Dunkel deine Stunden zählt und misst, deine Wege mit unhörbarem Herzpochen begleitet und auf die nur einmal in Millionen tickender Sekunden dein hastiger Blick fällt. Ich wusste alles von dir, kannte jede deiner Gewohnheiten, jede deiner Krawatten, jeden deiner Anzüge, ich kannte und unterschied bald deine einzelnen Bekannten und teilte sie in solche, die mir lieb und solche, die mir widrig waren: Von meinem dreizehnten bis zu meinem sechzehnten Jahre habe ich jede Stunde in dir gelebt. Ach, was für Torheiten habe ich begangen! Ich küsste die Türklinke, die deine Hand berührt hatte, ich stahl einen Zigarrenstummel, den du vor dem Eintreten weggeworfen hattest, und er war mir heilig, weil deine Lippen daran gerührt. Hundertmal lief ich abends unter irgendeinem Vorwand hinab auf die Gasse, um zu sehen, in welchem deiner Zimmer Licht brenne und so deine Gegenwart, deine unsichtbare, wissender zu fühlen. Und in den Wochen, wo du verreist warst – mir stockte immer das Herz vor Angst, wenn ich den guten Johann deine gelbe Reisetasche hinabtragen sah –, in diesen Wochen war mein Leben tot und ohne Sinn. Mürrisch, gelangweilt, böse ging ich herum und musste nur immer achtgeben, dass die Mutter an meinen verweinten Augen nicht meine Verzweiflung merke.

Ich weiß, das sind alles groteske Überschwänge, kindische Torheiten, die ich dir da erzähle. Ich sollte mich ihrer schämen, aber ich schäme mich nicht, denn nie war meine Liebe zu dir reiner und leidenschaftlicher als in diesen kindlichen Exzessen. Stundenlang, tagelang könnte ich dir erzählen, wie ich damals mit dir gelebt, der du mich kaum von Angesicht kanntest, denn begegnete ich dir auf der Treppe und gab es kein Ausweichen, so lief ich, aus Furcht vor deinem brennenden Blick, mit gesenktem Kopf an dir vorbei wie einer, der ins Wasser stürzt, nur dass mich das Feuer nicht versenge. Stundenlang, tagelang könnte ich dir von jenen dir längst entschwundenen Jahren erzählen, den ganzen Kalender deines Lebens aufrollen; aber ich will dich nicht langweilen, will dich nicht quälen. Nur das schönste Erlebnis meiner Kindheit will ich dir noch anvertrauen, und ich bitte dich, nicht zu spotten, weil es ein so Geringes ist, denn mir, dem Kinde, war es eine Unendlichkeit. An einem Sonntag muss es gewesen sein, du warst verreist, und dein Diener schleppte die schweren Teppiche, die er geklopft hatte, durch die offene Wohnungstür. Er trug schwer daran, der Gute, und in einem Anfall von Verwegenheit ging ich zu ihm und fragte, ob ich ihm nicht helfen könnte. Er war erstaunt, aber ließ mich gewähren, und so sah ich – vermöchte ich dir's doch nur zu sagen, mit welcher ehrfürchtigen, ja frommen Verehrung! – deine Wohnung von innen, deine Welt, den Schreibtisch, an dem du zu sitzen pflegtest und auf dem in einer blauen Kristallvase ein paar Blumen standen, deine Schränke, deine Bilder, deine Bücher. Nur ein flüchtiger, diebischer Blick war es in dein Leben, denn Johann, der Getreue, hätte mir gewiss genaue Betrachtung gewehrt, aber ich sog mit diesem einen Blick die ganze Atmosphäre ein und hatte Nahrung für meine unendlichen Träume von dir im Wachen und Schlaf.

Dies, diese rasche Minute, sie war die glücklichste meiner Kindheit. Sie wollte ich dir erzählen, damit du, der du mich nicht kennst, endlich zu ahnen beginnst, wie ein Leben an dir hing und verging. Sie wollte ich dir erzählen und jene andere noch, die fürchterlichste Stunde, die jener leider so nachbarlich war. Ich hatte – ich sagte es dir ja schon – um deinetwillen an alles vergessen, ich hatte auf meine Mutter nicht acht und kümmerte mich um niemanden. Ich merkte nicht, dass ein älterer Herr, ein Kaufmann aus Innsbruck, der mit meiner Mutter entfernt verschwägert war, öfter kam und länger blieb, ja, es war mir nur angenehm, denn er führte Mama manchmal in das Theater, und ich konnte allein bleiben, an dich denken, auf dich lauern, was ja meine höchste, meine einzige Seligkeit war. Eines Tages nun rief mich die Mutter mit einer gewissen Umständlichkeit in ihr Zimmer; sie hätte ernst mit mir zu sprechen. Ich wurde blass und hörte mein Herz plötzlich hämmern: Sollte sie etwas geahnt, etwas erraten haben? Mein erster Gedanke warst du, das Geheimnis, das mich mit der Welt verband. Aber die Mutter war selbst verlegen, sie küsste mich (was sie sonst nie tat) zärtlich ein- und zweimal, zog mich auf das Sofa zu sich und begann dann zögernd und verschämt zu erzählen, ihr Verwandter, der Witwer sei, habe ihr einen Heiratsantrag gemacht, und sie sei, hauptsächlich um meinetwillen, entschlossen, ihn anzunehmen. Heißer stieg mir das Blut zum Herzen: Nur ein Gedanke antwortete von innen, der Gedanke an dich. »Aber wir bleiben doch hier?«, konnte ich gerade noch stammeln. »Nein, wir ziehen nach Innsbruck, dort hat Ferdinand eine schöne Villa.« Mehr hörte ich nicht. Mir ward schwarz vor den Augen. Später wusste ich, dass ich in Ohnmacht gefallen war; ich sei, hörte ich die Mutter dem Stiefvater leise erzählen, der hinter der Tür gewartet hatte, plötzlich mit aufgespreizten Händen zurückgefahren und dann hingestürzt wie ein Klumpen Blei. Was dann in den nächsten Tagen geschah, wie ich mich, ein machtloses Kind, wehrte gegen ihren übermächtigen Willen, das kann ich dir nicht schildern: Noch jetzt zittert mir, da ich daran denke, die Hand im Schreiben. Mein wirkliches Geheimnis konnte ich nicht verraten, so schien meine Gegenwehr bloß Starrsinn, Bosheit und Trotz. Niemand sprach mehr mit mir, alles geschah hinterrücks. Man nutzte die Stunden, da ich in der Schule war, um die Übersiedlung zu fördern: Kam ich dann nach Hause, so war immer wieder ein anderes Stück verräumt oder verkauft. Ich sah, wie die Wohnung und damit mein Leben verfiel, und einmal, als ich zum Mittagessen kam, waren die Möbelpacker da gewesen und hatten alles weggeschleppt. In den leeren Zimmern standen die gepackten Koffer und zwei Feldbetten für die Mutter und mich: Da sollten wir noch eine

Nacht schlafen, die letzte, und morgen nach Innsbruck reisen.

An diesem letzten Tage fühlte ich mit plötzlicher Entschlossenheit, dass ich nicht leben konnte ohne deine Nähe. Ich wusste keine andere Rettung als dich. Wie ich mir's dachte und ob ich überhaupt klar in diesen Stunden der Verzweiflung zu denken vermochte, das werde ich nie sagen können, aber plötzlich – die Mutter war fort – stand ich auf im Schulkleid, wie ich war, und ging hinüber zu dir. Nein, ich ging nicht: Es stieß mich mit steifen Beinen, mit zitternden Gelenken magnetisch fort zu deiner Tür. Ich sagte dir schon, ich wusste nicht deutlich, was ich wollte: dir zu Füßen fallen und dich bitten, mich zu behalten als Magd, als Sklavin, und ich fürchte, du wirst lächeln über diesen unschuldigen Fanatismus einer Fünfzehnjährigen, aber, Geliebter, du würdest nicht mehr lächeln, wüsstest du, wie ich damals draußen im eiskalten Gange stand, starr vor Angst und doch vorwärtsgestoßen von einer unfassbaren Macht, und wie ich den Arm, den zitternden, mir gewissermaßen vom Leib losriss, dass er sich hob und – es war ein Kampf durch die Ewigkeit entsetzlicher Sekunden – den Finger auf den Knopf der Türklinke drückte. Noch heute gellt's mir im Ohr, dies schrille Klingelzeichen, und dann die Stille danach, wo mir das Herz stillstand, wo mein ganzes Blut anhielt und nur lauschte, ob du kämest.

Aber du kamst nicht. Niemand kam. Du warst offenbar fort an jenem Nachmittage und Johann auf Besorgung; so tappte ich, den toten Ton der Klingel im dröhnenden Ohr, in unsere zerstörte, ausgeräumte Wohnung zurück und warf mich erschöpft auf einen Plaid, müde von den vier Schritten, als ob ich stundenlang durch tiefen Schnee gegangen sei. Aber unter dieser Erschöpfung glühte noch unverlöscht die Entschlossenheit, dich zu sehen, dich zu sprechen, ehe sie mich wegrissen. Es war, ich schwöre es dir, kein sinnlicher Gedanke dabei, ich war noch unwissend, eben weil ich an nichts dachte als an dich: Nur sehen wollte ich dich, einmal noch sehen, mich anklammern an dich. Die ganze Nacht, die ganze lange, entsetzliche Nacht, habe ich dann, Geliebter, auf dich gewartet. Kaum dass die Mutter sich in ihr Bett gelegt hatte und eingeschlafen war, schlich ich in das Vorzimmer hinaus, um zu horchen, wann du nach Hause kämest. Die ganze Nacht habe ich gewartet, und es war eine eisige Januarnacht. Ich war müde, meine Glieder schmerzten mich, und es war kein Sessel mehr, mich hinzusetzen: So legte ich mich flach auf den kalten Boden, über den der Zug von der Tür hinstrich. Nur in meinem dünnen Kleide lag ich auf dem schmerzenden kalten Boden, denn ich nahm keine Decke; ich wollte es nicht warm haben, aus Furcht, einzuschlafen und deinen Schritt zu überhören. Es tat weh, meine Füße presste ich im Krampfe zusammen, meine Arme zitterten: Ich musste immer wieder aufstehen, so kalt war es im entsetzlichen Dunkel. Aber ich wartete, wartete, wartete auf dich wie auf mein Schicksal.

Endlich – es muss schon zwei oder drei Uhr morgens gewesen sein – hörte ich unten das Haustor aufsperren und dann Schritte die Treppe hinauf. Wie abgesprungen war die Kälte von mir, heiß überflog's mich, leise machte ich die Tür auf, um dir entgegenzustürzen, dir zu Füßen zu fallen ... Ach, ich weiß ja nicht, was ich törichtes Kind damals getan hätte. Die Schritte kamen näher, Kerzenlicht flackte herauf. Zitternd hielt ich die Klinke. Warst du es, der da kam?

Ja, du warst es, Geliebter – aber du warst nicht allein. Ich hörte ein leises, kitzliches Lachen, irgendein streifendes seidenes Kleid und leise deine Stimme – du kamst mit einer Frau nach Hause …

Wie ich diese Nacht überleben konnte, weiß ich nicht. Am nächsten Morgen, um acht Uhr, schleppten sie mich nach Innsbruck; ich hatte keine Kraft mehr, mich zu wehren.

*

Mein Kind ist gestern Nacht gestorben – nun werde ich wieder allein sein, wenn ich wirklich weiterleben muss. Morgen werden sie kommen, fremde, schwarze, ungeschlachte Männer, und einen Sarg bringen, werden es hineinlegen, mein armes, mein einziges Kind. Vielleicht kommen auch Freunde und bringen Kränze, aber was sind Blumen auf einem Sarg? Sie werden mich trösten und mir irgendwelche Worte sagen, Worte, Worte; aber was können sie mir helfen? Ich weiß, ich muss dann doch wieder allein sein. Und es gibt nichts Entsetzlicheres, als Alleinsein unter den Menschen. Damals habe ich es erfahren, damals in jenen unendlichen zwei Jahren in Innsbruck, jenen Jahren von meinem sechzehnten bis zu meinem achtzehnten, wo ich wie eine Gefangene, eine Verstoßene zwischen meiner Familie lebte. Der Stiefvater, ein sehr ruhiger, wortkarger Mann, war gut zu mir, meine Mutter schien, wie um ein unbewusstes Unrecht zu sühnen, allen meinen Wünschen bereit, junge Menschen bemühten sich um mich, aber ich stieß sie alle in einem leidenschaftlichen Trotz zurück. Ich wollte nicht glücklich, nicht zufrieden leben abseits von dir, ich grub mich selbst in eine finstere Welt von Selbstqual und Einsamkeit. Die neuen, bunten Kleider, die sie mir kauften, zog ich nicht an, ich weigerte mich, in Konzerte, in Theater zu gehen oder Ausflüge in heiterer Gesellschaft mitzumachen. Kaum dass ich je die Gasse betrat: Würdest du es glauben, Geliebter, dass ich von dieser kleinen Stadt, in der ich zwei Jahre gelebt, keine zehn Straßen kenne? Ich trauerte und ich wollte trauern, ich berauschte mich an jeder Entbehrung, die ich mir zu der deines Anblicks noch auferlegte. Und dann: Ich wollte mich nicht ablenken lassen von meiner Leidenschaft, nur in dir zu leben. Ich saß allein zu Hause, stundenlang, tagelang, und tat nichts, als an dich zu denken, immer wieder, immer wieder die hundert kleinen Erinnerungen an dich, jede Begegnung, jedes Warten, mir zu erneuern, mir diese kleinen Episoden vorzuspielen wie im Theater. Und darum, weil ich jede der Sekunden von einst mir unzählige Male wiederholte, ist auch meine ganze Kindheit mir in so brennender Erinnerung geblieben, dass ich jede Minute jener vergangenen Jahre so heiß und springend fühle, als wäre sie gestern durch mein Blut gefahren.

Nur in dir habe ich damals gelebt. Ich kaufte mir alle deine Bücher; wenn dein Name in der Zeitung stand, war es ein festlicher Tag. Willst du es glauben, dass ich jede Zeile aus deinen Büchern auswendig kann, so oft habe ich sie gelesen? Würde mich einer nachts aus dem Schlaf aufwecken und eine losgerissene Zeile aus ihnen mir vorsprechen, ich könnte sie heute noch, heute noch nach dreizehn Jahren, weitersprechen wie im Traum: So war jedes Wort von dir mir Evangelium und Gebet. Die ganze Welt, sie existierte nur in Beziehung auf dich: Ich las in den Wiener Zeitungen die Konzerte, die Premieren nach nur mit dem

Gedanken, welche dich davon interessieren möchte, und wenn es Abend wurde, begleitete ich dich von ferne: Jetzt tritt er in den Saal, jetzt setzt er sich nieder. Tausendmal träumte ich das, weil ich dich ein einziges Mal in einem Konzert gesehen.

Aber wozu all dies erzählen, diesen rasenden, gegen sich selbst wütenden, diesen so tragischen hoffnungslosen Fanatismus eines verlassenen Kindes, wozu es einem erzählen, der es nie geahnt, der es nie gewusst? Doch war ich damals wirklich noch ein Kind? Ich wurde siebzehn, wurde achtzehn Jahre – die jungen Leute begannen sich auf der Straße nach mir umzublicken, doch sie erbitterten mich nur. Denn Liebe oder auch nur ein Spiel mit Liebe im Gedanken an jemanden andern als an dich, das war mir so unerfindlich, so unausdenklich fremd, ja die Versuchung schon wäre mir als ein Verbrechen erschienen. Meine Leidenschaft zu dir blieb dieselbe, nur dass sie anders ward mit meinem Körper, mit meinen wacheren Sinnen, glühender, körperlicher, frauenhafter. Und was das Kind in seinem dumpfen unbelehrten Willen, das Kind, das damals die Klingel deiner Türe zog, nicht ahnen konnte, das war jetzt mein einziger Gedanke: Mich dir zu schenken, mich dir hinzugeben.

Die Menschen um mich vermeinten mich scheu, nannten mich schüchtern (ich hatte mein Geheimnis verbissen hinter den Zähnen). Aber in mir wuchs ein eiserner Wille. Mein ganzes Denken und Trachten war in eine Richtung gespannt: Zurück nach Wien, zurück zu dir. Und ich erzwang meinen Willen, so unsinnig, so unbegreiflich er den andern scheinen mochte. Mein Stiefvater war vermögend, er betrachtete mich als sein eigenes Kind. Aber ich drang in erbittertem Starrsinn darauf, ich wolle mir mein Geld selbst verdienen und erreichte es endlich, dass ich in Wien zu einem Verwandten als Angestellte eines großen Konfektionsgeschäftes kam.

Muss ich dir sagen, wohin mein erster Weg ging, als ich an einem nebligen Herbstabend – endlich! endlich! – in Wien ankam? Ich ließ die Koffer an der Bahn, stürzte mich in eine Straßenbahn – wie langsam schien sie mir zu fahren, jede Haltestelle erbitterte mich – und lief vor das Haus. Deine Fenster waren erleuchtet, mein ganzes Herz klang. Nun erst lebte die Stadt, die mich so fremd, so sinnlos umbraust hatte, nun erst lebte ich wieder, da ich dich nahe ahnte, dich, meinen ewigen Traum. Ich ahnte ja nicht, dass ich in Wirklichkeit deinem Bewusstsein ebenso ferne war hinter Tälern, Bergen und Flüssen als nun, da nur die dünne leuchtende Glasscheibe deines Fensters zwischen dir war und meinem aufstrahlenden Blick. Ich sah nur empor und empor: Da war Licht, da war das Haus, da warst du, da war meine Welt. Zwei Jahre hatte ich von dieser Stunde geträumt, nun war sie mir geschenkt. Ich stand den langen, weichen, verhangenen Abend vor deinen Fenstern, bis das Licht erlosch. Dann suchte ich erst mein Heim.

Jeden Abend stand ich dann so vor deinem Haus. Bis sechs Uhr hatte ich Dienst im Geschäft, harten, anstrengenden Dienst, aber er war mir lieb, denn diese Unruhe ließ mich die eigene nicht so schmerzhaft fühlen. Und geradewegs, sobald die eisernen Rollbalken hinter mir niederdröhnten, lief ich zu dem geliebten Ziel. Nur dich einmal sehen, nur einmal dir begegnen, das war mein einziger Wille, nur wieder einmal mit dem Blick dein Gesicht umfassen dürfen von ferne. Etwa nach einer Woche geschah's dann endlich, dass ich dir begegnete, und zwar gerade in einem Augenblick, wo ich's nicht vermutete: Während ich eben hinauf zu deinen Fenstern spähte, kamst du quer über die Straße. Und plötzlich war ich wieder das Kind, das dreizehnjährige, ich fühlte, wie das Blut mir in die Wangen schoss; unwillkürlich, wider meinen innersten Drang, der sich sehnte, deine Augen zu fühlen, senkte ich den Kopf und lief blitzschnell wie gehetzt an dir vorbei. Nachher schämte ich mich dieser schulmädelhaften scheuen Flucht, denn jetzt war mein Wille mir doch klar: Ich wollte dir ja begegnen, ich suchte dich, ich wollte von dir erkannt sein nach all den sehnsüchtig verdämmerten Jahren, wollte von dir beachtet, wollte von dir geliebt sein.

Aber du bemerktest mich lange nicht, obzwar ich jeden Abend, auch bei Schneegestöber und in dem scharfen, schneidenden Wiener Wind in deiner Gasse stand. Oft wartete ich stundenlang vergebens, oft gingst du dann endlich vom Hause in Begleitung von Bekannten fort, zweimal sah ich dich auch mit Frauen, und nun empfand ich mein Erwachsensein, empfand das Neue, Andere meines Gefühls zu dir an dem plötzlichen Herzzucken, das mir quer die Seele zerriss, als ich eine fremde Frau so sicher Arm in Arm mit dir hingehen sah. Ich war nicht überrascht, ich kannte ja diese deine ewigen Besucherinnen aus meinen Kindertagen schon, aber jetzt tat es mit einmal irgendwie körperlich weh, etwas spannte sich in mir, gleichzeitig feindlich und mitverlangend gegen diese offensichtliche, diese fleischliche Vertrautheit mit einer anderen. Einen Tag blieb ich, kindlich stolz wie ich war und vielleicht jetzt noch geblieben bin, von deinem Hause weg: Aber wie entsetzlich war dieser leere Abend des Trotzes und der Auflehnung. Am nächsten Abend stand ich schon wieder demütig vor deinem Hause wartend, wartend, wie ich mein ganzes Schicksal lang vor deinem verschlossenen Leben gestanden bin.

Und endlich, an einem Abend bemerktest du mich. Ich hatte dich schon von ferne kommen sehen und straffte meinen Willen zusammen, dir nicht auszuweichen. Der Zufall wollte, dass durch einen abzuladenden Wagen die Straße verengert war und du ganz an mir vorbei musstest. Unwillkürlich streifte mich dein zerstreuter Blick, um sofort, kaum dass er der Aufmerksamkeit des meinen begegnete – wie erschrak die Erinnerung in mir! –, jener dein Frauenblick, jener zärtliche, hüllende und gleichzeitig enthüllende, jener umfangende und schon fassende Blick zu werden, der mich, das Kind, zum ersten Mal zur Frau, zur Liebenden erweckt. Ein, zwei Sekunden lang hielt dieser Blick so den meinen, der sich nicht wegreißen konnte und wollte – dann warst du an mir vorbei. Mir schlug das Herz: Unwillkürlich musste ich meinen Schritt verlangsamen, und wie ich aus einer nicht zu bezwingenden Neugier mich umwandte, sah ich, dass du stehen geblieben warst und mir nachsahst. Und an der Art, wie du neugierig interessiert mich beobachtetest, wusste ich sofort: Du erkanntest mich nicht.

Du erkanntest mich nicht, damals nicht, nie, nie hast du mich erkannt. Wie soll ich dir, Geliebter, die Enttäuschung jener Sekunde schildern – damals war es ja das erste Mal, dass ich's erlitt, dies Schicksal, von dir nicht erkannt zu sein, das ich ein Leben durchlebt habe, und mit dem ich sterbe; unerkannt, immer noch unerkannt von dir. Wie soll ich sie dir schildern, diese Enttäuschung! Denn sieh, in diesen zwei Jahren in Innsbruck, wo ich jede Stunde an dich dachte und nichts tat, als mir unsere erste Wiederbegegnung in Wien auszudenken, da hatte ich die wildesten Möglichkeiten neben den seligsten, je nach dem Zustand meiner Laune, ausgeträumt. Alles war, wenn ich so sagen darf, durchgeträumt; ich hatte mir in finstern Momenten vorgestellt, du würdest mich zurückstoßen, würdest mich verachten, weil ich zu gering, zu hässlich, zu aufdringlich sei. Alle Formen deiner Missgunst, deiner Kälte, deiner Gleichgültigkeit, sie alle hatte ich durchgewandelt in leidenschaftlichen Visionen – aber dies, dies eine hatte ich in keiner finstern Regung des Gemüts, nicht im äußersten Bewusstsein meiner Minderwertigkeit in Betracht zu ziehen gewagt, dies Entsetzlichste: dass du überhaupt von meiner Existenz nichts bemerkt hattest. Heute verstehe ich es ja – ach, du hast mich's verstehen gelehrt! –, dass das Gesicht eines Mädchens, einer Frau etwas ungemein Wandelhaftes sein muss für einen Mann, weil es meist nur Spiegel ist, bald einer Leidenschaft, bald einer Kindlichkeit, bald eines Müdeseins, und so leicht verfließt wie ein Bildnis im Spiegel, dass also ein Mann leichter das Antlitz einer Frau verlieren kann, weil das Alter darin durchwandelt mit Schatten und Licht, weil die Kleidung es von einem Mal zum andern anders rahmt. Die Resignierten, sie sind ja erst die wahren Wissenden. Aber ich, das Mädchen von damals, ich konnte deine Vergesslichkeit noch nicht fassen, denn irgendwie war aus meiner maßlosen, unaufhörlichen Beschäftigung mit dir der Wahn in mich gefahren, auch du müsstest meiner oft gedenken und auf mich warten; wie hätte ich auch nur atmen können mit der Gewissheit, ich sei dir nichts, nie rühre ein Erinnern an mich dich leise an! Und dies Erwachen vor deinem Blick, der mir zeigte, dass nichts in dir mich mehr kannte, kein Spinnfaden Erinnerung von deinem Leben hinreiche zu meinem, das war ein erster Sturz hinab in die Wirklichkeit, eine erste Ahnung meines Schicksals.

Du erkanntest mich nicht damals. Und als zwei Tage später dein Blick mit einer gewissen Vertrautheit bei erneuter Begegnung mich umfing, da erkanntest du mich wiederum nicht als die, die dich geliebt und die du erweckt, sondern bloß als das hübsche achtzehnjährige Mädchen, das dir vor zwei Tagen an der gleichen Stelle entgegengetreten. Du sahst mich freundlich überrascht an, ein leichtes Lächeln umspielte deinen Mund. Wieder gingst du an mir vorbei und wieder den Schritt sofort verlangsamend: Ich zitterte, ich jauchzte, ich betete, du würdest mich ansprechen. Ich fühlte, dass ich zum ersten Mal für dich lebendig war: Auch ich verlangsamte den Schritt, ich wich dir nicht aus. Und plötzlich spürte ich dich hinter mir, ohne mich umzuwenden, ich wusste, nun würde ich zum ersten Mal deine geliebte Stimme an mich gerichtet hören. Wie eine Lähmung war die Erwartung in mir, schon fürchtete ich stehen bleiben zu müssen, so hämmerte mir das Herz – da tratest du an meine Seite. Du sprachst mich an mit deiner leichten heitern Art, als wären wir lange befreundet – ach, du ahntest mich ja nicht, nie hast du etwas von meinem Leben geahnt! –, so zauberhaft unbefangen sprachst du mich an, dass ich dir sogar zu antworten vermochte. Wir gingen zusammen die ganze Gasse entlang. Dann fragtest du mich, ob wir gemeinsam speisen wollten. Ich sagte ja. Was hätte ich dir gewagt zu verneinen?

Wir speisten zusammen in einem kleinen Restaurant – weißt du noch, wo es war? Ach nein, du unterscheidest es gewiss nicht mehr von andern solchen Abenden, denn wer war ich dir? Eine unter Hunderten, ein Abenteuer in einer ewig fortgeknüpften Kette. Was sollte dich auch an mich erinnern: Ich sprach ja wenig, weil es mir so unendlich beglückend war, dich nahe zu haben, dich zu mir sprechen zu hören. Keinen Augenblick davon wollte ich durch eine Frage, durch ein törichtes Wort vergeuden. Nie werde ich dir von dieser Stunde dankbar vergessen, wie voll du meine leidenschaftliche Ehrfurcht erfülltest, wie zart, wie leicht, wie taktvoll du warst, ganz ohne Zudringlichkeit, ganz ohne jene eiligen karessanten Zärtlichkeiten, und vom ersten Augenblick von einer so sicheren freundschaftlichen Vertrautheit, dass du mich auch gewonnen hättest, wäre ich nicht schon längst mit meinem ganzen Willen und Wesen dein gewesen. Ach, du weißt ja nicht, ein wie Ungeheures du erfülltest, indem du mir fünf Jahre kindischer Erwartung nicht enttäuschtest!

Es wurde spät, wir brachen auf. An der Tür des Restaurants fragtest du mich, ob ich eilig wäre oder noch Zeit hätte. Wie hätte ich's verschweigen können, dass ich dir bereit sei! Ich sagte, ich hätte noch Zeit. Dann fragtest du, ein leises Zögern rasch überspringend, ob ich nicht noch ein wenig zu dir kommen wollte, um zu plaudern. »Gerne«, sagte ich ganz aus der Selbstverständlichkeit meines Fühlens heraus und merkte sofort, dass du von der Raschheit meiner Zusage irgendwie peinlich oder freudig berührt warst, jedenfalls aber sichtlich überrascht. Heute verstehe ich ja dies dein Erstaunen; ich weiß, es ist bei Frauen üblich, auch wenn das Verlangen nach Hingabe in einer brennend ist, diese Bereitschaft zu verleugnen, ein Erschrecken vorzutäuschen oder eine Entrüstung, die durch eindringliche

Bitte, durch Lügen, Schwüre und Versprechen erst beschwichtigt sein will. Ich weiß, dass vielleicht nur die Professionellen der Liebe, die Dirnen, eine solche Einladung mit einer so vollen freudigen Zustimmung beantworten, oder ganz naive, ganz halbwüchsige Kinder. In mir aber war es – und wie konntest du das ahnen – nur der wortgewordene Wille, die geballt vorbrechende Sehnsucht von tausend einzelnen Tagen. Jedenfalls aber: Du warst frappiert, ich begann dich zu interessieren. Ich spürte, dass du, während wir gingen, von der Seite her während des Gespräches mich irgendwie erstaunt mustertest. Dein Gefühl, dein in allem Menschlichen so magisch sicheres Gefühl witterte hier sogleich ein Ungewöhnliches, ein Geheimnis in diesem hübschen zutunlichen Mädchen. Der Neugierige in dir war wach, und ich merkte aus der umkreisenden, spürenden Art der Fragen, wie du nach dem Geheimnis tasten wolltest. Aber ich wich dir aus: Ich wollte lieber töricht erscheinen als dir mein Geheimnis verraten.

Wir gingen zu dir hinauf. Verzeih, Geliebter, wenn ich dir sage, dass du es nicht verstehen kannst, was dieser Gang, diese Treppe für mich waren, welcher Taumel, welche Verwirrung, welch ein rasendes, quälendes, fast tödliches Glück. Jetzt noch kann ich kaum ohne Tränen daran denken, und ich habe keine mehr. Aber fühl es nur aus, dass jeder Gegenstand dort gleichsam durchdrungen war von meiner Leidenschaft, jeder ein Symbol meiner Kindheit, meiner Sehnsucht: das Tor, vor dem ich tausende Male auf dich gewartet, die Treppe, von der ich immer deinen Schritt erhorcht und wo ich dich zum ersten Mal gesehen, das Guckloch, aus dem ich mir die Seele gespäht, der Türvorleger vor deiner Tür, auf dem ich einmal gekniet, das Knacken des Schlüssels, bei dem ich immer aufgesprungen von meiner Lauer. Die ganze Kindheit, meine ganze Leidenschaft, da nistete sie ja in diesen paar Metern Raum, hier war mein ganzes Leben, und jetzt fiel es nieder auf mich wie ein Sturm, da alles, alles sich erfüllte und ich mit dir ging, ich mit dir, in deinem, in unserem Hause. Bedenke – es klingt ja banal, aber ich weiß es nicht anders zu sagen –, dass bis zu deiner Tür alles Wirklichkeit, dumpfe tägliche Welt ein Leben lang gewesen war, und dort das Zauberreich des Kindes begann, Aladins Reich, bedenke, dass ich tausendmal mit brennenden Augen auf diese Tür gestarrt, die ich jetzt taumelnd durchschritt, und du wirst ahnen – aber nur ahnen, niemals ganz wissen, mein Geliebter! –, was diese stürzende Minute von meinem Leben wegtrug.

Ich blieb damals die ganze Nacht bei dir. Du hast es nicht geahnt, dass vordem noch nie ein Mann mich berührt, noch keiner meinen Körper gefühlt oder gesehen. Aber wie konntest du es auch ahnen, Geliebter, denn ich bot dir ja keinen Widerstand, ich unterdrückte jedes Zögern der Scham, nur damit du nicht das Geheimnis meiner Liebe zu dir erraten könntest, das dich gewiss erschreckt hätte –, denn du liebst ja nur das Leichte, das Spielende, das Gewichtlose, du hast Angst, in ein Schicksal einzugreifen. Verschwenden willst du dich, du, an alle, an die Welt, und willst kein Opfer. Wenn ich dir jetzt sage, Geliebter, dass ich mich jungfräulich dir gab, so flehe ich dich an: Missversteh mich nicht! Ich klage dich ja nicht an, du hast mich nicht gelockt, nicht belogen, nicht verführt – ich, ich selbst drängte zu dir, warf mich an deine Brust, warf mich in mein Schicksal. Nie, nie werde ich dich anklagen, nein, nur immer dir danken, denn wie reich, wie funkelnd von Lust, wie schwebend von Seligkeit war für mich diese Nacht. Wenn ich die Augen auftat im Dunkeln und dich fühlte an meiner Seite, wunderte ich mich, dass nicht die Sterne über mir waren, so sehr fühlte ich Himmel – nein, ich habe niemals bereut, mein Geliebter, niemals um dieser Stunde willen. Ich weiß noch: Als du schliefst, als ich deinen Atem hörte, deinen Körper fühlte und mich selbst dir so nah, da habe ich im Dunkeln geweint vor Glück.

Am Morgen drängte ich frühzeitig schon fort. Ich musste in das Geschäft und wollte auch gehen, ehe der Diener käme: Er sollte mich nicht sehen. Als ich angezogen vor dir stand, nahmst du mich in den Arm, sahst mich lange an; war es ein Erinnern, dunkel und fern, das in dir wogte, oder schien ich dir nur schön, beglückt, wie ich war? Dann küsstest du mich auf den Mund. Ich machte mich leise los und wollte gehen. Da fragtest du: »Willst du nicht ein paar Blumen mitnehmen?« Ich sagte ja. Du nahmst vier weiße Rosen aus der blauen Kristallvase am Schreibtisch (ach, ich kannte sie von jenem einzigen diebischen Kindheitsblick) und gabst sie mir. Tagelang habe ich sie noch geküsst.

Wir hatten zuvor einen andern Abend verabredet. Ich kam, und wieder war es wunderbar. Noch eine dritte Nacht hast du mir geschenkt. Dann sagtest du, du müsstest verreisen – oh, wie hasste ich diese Reisen von meiner Kindheit her! –, und versprachst mir, mich sofort nach deiner Rückkehr zu verständigen. Ich gab dir eine *Poste restante*-Adresse – meinen Namen wollte ich dir nicht sagen. Ich hütete mein Geheimnis. Wieder gabst du mir ein paar Rosen zum Abschied – zum Abschied.

Jeden Tag während zweier Monate fragte ich ... aber nein, wozu diese Höllenqual der Erwartung, der Verzweiflung dir schildern. Ich klage dich nicht an, ich liebe dich als den, der du bist, heiß und vergesslich, hingebend und untreu, ich liebe dich so, nur so, wie du immer gewesen und wie du jetzt noch bist. Du warst längst zurück, ich sah es an deinen erleuchteten Fenstern, und hast mir nicht geschrieben. Keine Zeile habe ich von dir in meinen letzten Stunden, keine Zeile von dir, dem ich mein Leben gegeben. Ich habe gewartet, ich habe gewartet wie eine Verzweifelte. Aber du hast mich nicht gerufen, keine Zeile hast du mir geschrieben … keine Zeile …

*

Mein Kind ist gestern gestorben – es war auch dein Kind. Es war auch dein Kind, Geliebter, das Kind einer jener drei Nächte, ich schwöre es dir, und man lügt nicht im Schatten des Todes. Es war unser Kind, ich schwöre es dir, denn kein Mann hat mich berührt von jenen Stunden, da ich mich dir hingegeben, bis zu jenen andern, da es aus meinem Leib gerungen wurde. Ich war mir heilig durch deine Berührung: Wie hätte ich es vermocht, mich zu teilen an dich, der mir alles gewesen, und an andere, die an meinem Leben nur leise anstreiften? Es war unser Kind, Geliebter, das Kind meiner wissenden Liebe und deiner sorglosen, verschwenderischen, fast unbewussten Zärtlichkeit, unser Kind, unser Sohn, unser einziges Kind. Aber du fragst nun – vielleicht erschreckt, vielleicht bloß erstaunt –, du fragst nun, mein Geliebter, warum ich dies Kind dir alle diese langen Jahre verschwiegen und erst heute von ihm spreche, da es hier im Dunkel schlafend, für immer schlafend, liegt, schon bereit fortzugehen und nie mehr wiederzukehren, nie mehr! Doch wie hätte ich es dir sagen können? Nie hättest du mir, der Fremden, der allzu Bereitwilligen dreier Nächte, die sich ohne Widerstand, ja begehrend, dir aufgetan, nie hättest du ihr, der Namenlosen einer flüchtigen Begegnung, geglaubt, dass sie dir die Treue hielt, dir, dem Untreuen – nie ohne Misstrauen dies Kind als das deine erkannt! Nie hättest du, selbst wenn mein Wort dir Wahrscheinlichkeit geboten, den heimlichen Verdacht abtun können, ich versuchte, dir, dem Begüterten, das Kind fremder Stunde unterzuschieben. Du hättest mich beargwohnt, ein Schatten wäre geblieben, ein fliegender, scheuer Schatten von Misstrauen zwischen dir und mir. Das wollte ich nicht. Und dann, ich kenne dich; ich kenne dich so gut, wie du kaum selber dich kennst, ich weiß, es wäre dir, der du das Sorglose, das Leichte, das Spielende liebst in der Liebe, peinlich gewesen, plötzlich Vater, plötzlich verantwortlich zu sein für ein Schicksal. Du hättest dich, du, der du nur in Freiheit atmen kannst, dich irgendwie verbunden gefühlt mit mir. Du hättest mich – ja, ich weiß es, dass du es getan hättest, wider deinen eigenen wachen Willen –, du hättest mich gehasst für dieses Verbundensein. Vielleicht nur stundenlang, vielleicht nur flüchtige Minuten lang wäre ich dir lästig gewesen, wäre ich dir verhasst worden – ich aber wollte in meinem Stolze, du solltest an mich ein Leben lang ohne Sorge denken. Lieber wollte ich alles auf mich nehmen, als dir eine Last werden, und einzig die sein unter allen deinen Frauen, an die du immer mit Liebe, mit Dankbarkeit denkst. Aber freilich, du hast nie an mich gedacht, du hast mich vergessen.

Ich klage dich nicht an, mein Geliebter, nein, ich klage dich nicht an. Verzeih mir's, wenn mir manchmal ein Tropfen Bitternis in die Feder fließt, verzeih mir's – mein Kind, unser Kind liegt ja da tot unter den flackernden Kerzen; ich habe zu Gott die Fäuste geballt und ihn Mörder genannt, meine Sinne sind trüb und verwirrt. Verzeih mir die Klage, verzeihe sie mir! Ich weiß ja, dass du gut bist und hilfreich im tiefsten Herzen, du hilfst jedem, hilfst auch dem Fremdesten, der dich bittet. Aber deine Güte ist so sonderbar, sie ist eine, die offen liegt für jeden, dass er nehmen kann so viel seine Hände fassen, sie ist groß, unendlich groß deine Güte, aber sie ist – verzeih mir –, sie ist träge. Sie will gemahnt, will genommen sein. Du hilfst, wenn man dich ruft, dich bittet, hilfst aus Scham, aus Schwäche und nicht aus Freudigkeit. Du hast – lass es dir offen sagen – den Menschen in Notdurft und Qual nicht lieber als den Bruder im Glück. Und Menschen, die so sind wie du, selbst die Gütigsten unter ihnen, sie bittet man schwer. Einmal, ich war noch ein Kind, sah ich durch das Guckloch an der Tür, wie du einem Bettler, der bei dir geklingelt hatte, etwas gabst. Du gabst ihm rasch und sogar viel, noch ehe er dich bat, aber du reichtest es ihm mit einer gewissen Angst und Hast hin, er möchte nur bald wieder fortgehen, es war, als hättest du Furcht, ihm ins Auge zu sehen. Diese deine unruhige, scheue, vor der Dankbarkeit flüchtende Art des Helfens habe ich nie vergessen. Und deshalb habe ich mich nie an dich gewandt. Gewiss, ich weiß, du hättest mir damals zur Seite gestanden auch ohne die Gewissheit, es sei dein Kind, du hättest mich getröstet, mir Geld gegeben, reichlich Geld, aber immer nur mit der geheimen Ungeduld, das Unbequeme von dir wegzuschieben; ja, ich glaube, du hättest mich sogar beredet, das Kind vorzeitig abzutun. Und dies fürchtete ich vor allem – denn was hätte ich nicht getan, so du es begehrtest, wie hätte ich dir etwas zu verweigern vermocht! Aber dieses Kind war alles für mich, war es doch von dir, nochmals du, aber nun nicht mehr du, der Glückliche, der Sorglose, den ich nicht zu halten vermochte, sondern du für immer – so meinte ich – mir gegeben, verhaftet in meinem Leibe, verbunden in meinem Leben. Nun hatte ich dich ja endlich gefangen, ich konnte dich, dein Leben wachsen spüren in meinen Adern, dich nähren, dich tränken, dich liebkosen, dich küssen, wenn mir die Seele danach brannte. Siehst du, Geliebter, darum war ich so selig, als ich wusste, dass ich ein Kind von dir hatte, darum verschwieg ich dir's: Denn nun konntest du mir nicht mehr entfliehen.

Freilich, Geliebter, es waren nicht nur so selige Monate, wie ich sie vorausfühlte in meinen Gedanken, es waren auch Monate voll von Grauen und Qual, voll Ekel vor der Niedrigkeit der Menschen. Ich hatte es nicht leicht. In das Geschäft konnte ich während der letzten Monate nicht mehr gehen, damit es den Verwandten nicht auffällig werde und sie nicht nach Hause berichteten. Von der Mutter wollte ich kein Geld erbitten – so fristete ich mir mit dem Verkauf von dem bisschen Schmuck, den ich hatte, die Zeit bis zur Niederkunft. Eine Woche vorher wurden mir aus einem Schranke von einer Wäscherin die letzten paar Kronen gestohlen, so musste ich in die Gebärklinik. Dort, wo nur die ganz Armen, die Ausgestoßenen und Vergessenen sich in ihrer Not hinschleppen, dort, mitten im Abhub des Elends, dort ist das Kind, dein Kind geboren worden. Es war zum Sterben dort: Fremd, fremd, fremd war alles, fremd wir einander, die wir da lagen, einsam und voll Hass eine auf die andere, nur vom Elend, von der gleichen Qual in diesen dumpfen, von Chloroform und Blut, von Schrei und Stöhnen vollgepressten Saal gestoßen. Was die Armut an Erniedrigung, an seelischer und körperlicher Schande zu ertragen hat, ich habe es dort gelitten an dem Beisammensein mit Dirnen und mit Kranken, die aus der Gemeinsamkeit des Schicksals eine Gemeinheit machten, an der Zynik der jungen Ärzte, die mit einem ironischen Lächeln der Wehrlosen das Betttuch aufstreiften und sie mit falscher Wissenschaftlichkeit antasteten, an der Habsucht der Wärterinnen – oh, dort wird die Scham eines Menschen gekreuzigt mit Blicken und gegeißelt mit Worten. Die Tafel mit deinem Namen, das allein bist dort noch du, denn was im Bette liegt, ist bloß ein zuckendes Stück Fleisch, betastet von Neugierigen, ein Objekt der Schau und des Studierens – ah, sie wissen es nicht, die Frauen, die ihrem Mann, dem zärtlich wartenden, in seinem Hause Kinder schenken, was es heißt, allein, wehrlos, gleichsam am Versuchstisch, ein Kind zu gebären! Und lese ich noch heute in einem Buche das Wort Hölle, so denke ich plötzlich wider meinen bewussten Willen an jenen vollgepfropften, dünstenden, von Seufzer, Gelächter und blutigem Schrei erfüllten Saal, in dem ich gelitten habe, an dieses Schlachthaus der Scham.

Verzeih, verzeih mir's, dass ich davon spreche. Aber nur dieses eine Mal rede ich davon, nie mehr, nie mehr wieder. Elf Jahre habe ich geschwiegen davon, und werde bald stumm sein in alle Ewigkeit: Einmal musste ich's ausschreien, einmal ausschreien, wie teuer ich es erkaufte, dies Kind, das meine Seligkeit war und das nun dort ohne Atem liegt. Ich hatte sie schon vergessen, diese Stunden, längst vergessen im Lächeln, in der Stimme des Kindes, in meiner Seligkeit; aber jetzt, da es tot ist, wird die Qual wieder lebendig, und ich musste sie mir von der Seele schreien, dieses eine, dieses eine Mal. Aber nicht dich klage ich an, nur Gott, nur Gott, der sie sinnlos machte, diese Qual. Nicht dich klage ich an, ich schwöre es dir, und nie habe ich mich im Zorn erhoben gegen dich. Selbst in der Stunde, da mein Leib sich krümmte in den Wehen, da mein Körper vor Scham brannte unter den tastenden Blicken der Studenten, selbst in der Sekunde, da der Schmerz mir die Seele zerriss, habe ich dich nicht angeklagt vor Gott; nie habe ich jene Nächte bereut, nie meine Liebe zu dir gescholten, immer habe ich dich geliebt, immer die Stunde gesegnet, da du mir begegnet bist. Und müsste ich noch einmal durch die Hölle jener Stunden und wüsste vordem, was mich erwartet, ich täte es noch einmal, mein Geliebter, noch einmal und tausendmal!

*

Unser Kind ist gestern gestorben – du hast es nie gekannt. Niemals, auch in der flüchtigen Begegnung des Zufalles hat dies blühende, kleine Wesen, dein Wesen, im Vorübergehen deinen Blick gestreift. Ich hielt mich lange verborgen vor dir, sobald ich dies Kind hatte; meine Sehnsucht nach dir war weniger schmerzhaft geworden, ja ich glaube, ich liebte dich weniger leidenschaftlich, zumindest litt ich nicht so an meiner Liebe, seit es mir geschenkt war. Ich wollte mich nicht zerteilen zwischen dir und ihm; so gab ich mich nicht an dich, den Glücklichen, der an mir vorbeilebte, sondern an dies Kind, das mich brauchte, das ich nähren musste, das ich küssen konnte und umfangen. Ich schien gerettet vor meiner Unruhe nach dir, meinem Verhängnis, gerettet durch dies dein anderes Du, das aber wahrhaft mein war – selten nur mehr, ganz selten drängte mein Gefühl sich demütig heran an dein Haus. Nur eines tat ich: Zu deinem Geburtstag sandte ich dir immer ein Bündel weiße Rosen, genau dieselben, wie du sie mir damals geschenkt nach unserer ersten Liebesnacht. Hast du je in diesen zehn, in diesen elf Jahren dich gefragt, wer sie sandte? Hast du dich vielleicht an die erinnert, der du einst solche Rosen geschenkt? Ich weiß es nicht und werde deine Antwort nicht wissen. Nur aus dem Dunkel sie dir hinzureichen, einmal im Jahre die Erinnerung aufblühen zu lassen an jene Stunde – das war mir genug.

Du hast es nie gekannt, unser armes Kind – heute klage ich mich an, dass ich es dir verbarg, denn du hättest es geliebt. Nie hast du ihn gekannt, den armen Knaben, nie ihn lächeln gesehen, wenn er leise die Lider aufhob und dann mit seinen dunklen klugen Augen – deinen Augen! – ein helles, frohes Licht warf über mich, über die ganze Welt. Ach, er war so heiter, so lieb: Die ganze Leichtigkeit deines Wesens war in ihm kindlich wiederholt, deine rasche, bewegte Phantasie in ihm erneuert: Stundenlang konnte er verliebt mit Dingen spielen, so wie du mit dem Leben spielst, und dann wieder ernst mit hochgezogenen Brauen vor seinen Büchern sitzen. Er wurde immer mehr du; schon begann sich auch in ihm jene Zwiefältigkeit von Ernst und Spiel, die dir eigen ist, sichtbar zu entfalten, und je ähnlicher er dir ward, desto mehr liebte ich ihn. Er hat gut gelernt, er plauderte Französisch wie eine kleine Elster, seine Hefte waren die saubersten der Klasse, und wie hübsch war er dabei, wie elegant in seinem schwarzen Samtkleid oder dem weißen Matrosenjäckchen. Immer war er der Eleganteste von allen, wohin er auch kam; in Grado am Strande, wenn ich mit ihm ging, blieben die Frauen stehen und streichelten sein langes blondes Haar, auf dem Semmering, wenn er im Schlitten fuhr, wandten sich bewundernd die Leute nach ihm um. Er war so hübsch, so zart, so zutunlich: Als er im letzten Jahre ins Internat des Theresianums kam, trug er seine Uniform und den kleinen Degen wie ein Page aus dem achtzehnten Jahrhundert – nun hat er nichts als sein Hemdchen an, der Arme, der dort liegt mit blassen Lippen und eingefalteten Händen.

Aber du fragst mich vielleicht, wie ich das Kind so im Luxus erziehen konnte, wie ich es vermochte, ihm dies helle, dies heitere Leben der oberen Welt zu vergönnen. Liebster, ich spreche aus dem Dunkel zu dir; ich habe keine Scham, ich will es dir sagen, aber erschrick nicht, Geliebter – ich habe mich verkauft. Ich wurde nicht gerade das, was man ein Mädchen von der Straße nennt, eine Dirne, aber ich habe mich verkauft. Ich hatte reiche Freunde, reiche Geliebte: Zuerst suchte ich sie, dann suchten sie mich, denn ich war – hast du es je bemerkt? – sehr schön. Jeder, dem ich mich gab, gewann mich lieb, alle haben mir gedankt, alle an mir gehangen, alle mich geliebt – nur du nicht, nur du nicht, mein Geliebter!

Verachtest du mich nun, weil ich dir es verriet, dass ich mich verkauft habe? Nein, ich weiß, du verachtest mich nicht, ich weiß, du verstehst alles und wirst auch verstehen, dass ich es nur für dich getan, für dein anderes Ich, für dein Kind. Ich hatte einmal in jener Stube der Gebärklinik an das Entsetzliche der Armut gerührt, ich wusste, dass in dieser Welt der Arme immer der Getretene, der Erniedrigte, das

Opfer ist, und ich wollte nicht, um keinen Preis, dass dein Kind, dein helles, schönes Kind da tief unten aufwachsen sollte im Abhub, im Dumpfen, im Gemeinen der Gasse, in der verpesteten Luft eines Hinterhausraumes. Sein zarter Mund sollte nicht die Sprache des Rinnsteins kennen, sein weißer Leib nicht die dumpfige, verkrümmte Wäsche der Armut – dein Kind sollte alles haben, allen Reichtum, alle Leichtigkeit der Erde, es sollte wieder aufsteigen zu dir, in deine Sphäre des Lebens.

Darum, nur darum, mein Geliebter, habe ich mich verkauft. Es war kein Opfer für mich, denn was man gemeinhin Ehre und Schande nennt, das war mir wesenlos: Du liebtest mich nicht, du, der Einzige, dem mein Leib gehörte, so fühlte ich es als gleichgültig, was sonst mit meinem Körper geschah. Die Liebkosungen der Männer, selbst ihre innerste Leidenschaft, sie rührten mich im Tiefsten nicht an, obzwar ich manche von ihnen sehr achten musste und mein Mitleid mit ihrer unerwiderten Liebe in Erinnerung eigenen Schicksals mich oft erschütterte. Alle waren sie gut zu mir, die ich kannte, alle haben sie mich verwöhnt, alle achteten sie mich. Da war vor allem einer, ein älterer, verwitweter Reichsgraf, derselbe, der sich die Füße wundstand an den Türen, um die Aufnahme des vaterlosen Kindes, deines Kindes, im Theresianum durchzudrücken – der liebte mich wie eine Tochter. Dreimal, viermal machte er mir den Antrag, mich zu heiraten – ich könnte heute Gräfin sein, Herrin auf einem zauberischen Schloss in Tirol, könnte sorglos sein, denn das Kind hätte einen zärtlichen Vater gehabt, der es vergötterte, und ich einen stillen, vornehmen, gütigen Mann an meiner Seite –, ich habe es nicht getan, sosehr, sooft er auch drängte, sosehr ich ihm wehe tat mit meiner Weigerung. Vielleicht war es eine Torheit, denn sonst lebte ich jetzt irgendwo still und geborgen, und dies Kind, das geliebte, mit mir, aber – warum soll ich dir es nicht gestehen – ich wollte mich nicht binden, ich wollte dir frei sein in jeder Stunde. Innen im Tiefsten, im Unbewussten meines Wesens lebte noch immer der alte Kindertraum, du würdest vielleicht noch einmal mich zu dir rufen, sei es nur für eine Stunde lang. Und für diese eine mögliche Stunde habe ich alles weggestoßen, nur um dir frei zu sein für deinen ersten Ruf. Was war mein ganzes Leben seit dem Erwachen aus der Kindheit denn anders, als ein Warten, ein Warten auf deinen Willen!

Und diese Stunde, sie ist wirklich gekommen. Aber du weißt sie nicht, du ahnst sie nicht, mein Geliebter! Auch in ihr hast du mich nicht erkannt – nie, nie, nie hast du mich erkannt! Ich war dir ja schon früher oft begegnet, in den Theatern, in den Konzerten, im Prater, auf der Straße –, jedes Mal zuckte mir das Herz, aber du sahst an mir vorbei: Ich war ja äußerlich eine ganz andere, aus dem scheuen Kinde war eine Frau geworden, schön wie sie sagten, in kostbare Kleider gehüllt, umringt von Verehrern: Wie konntest du in mir jenes schüchterne Mädchen im dämmerigen Licht deines Schlafraumes vermuten! Manchmal grüßte dich einer der Herren, mit denen ich ging, du danktest und sahst auf zu mir: Aber dein Blick war höfliche Fremdheit, anerkennend, aber nie erkennend, fremd, entsetzlich fremd. Einmal, ich erinnere mich noch, ward mir dieses Nichterkennen, an das ich fast schon gewohnt war, zu brennender Qual: Ich saß in einer Loge der Oper mit einem Freunde und du in der Nachbarloge. Die Lichter erloschen bei der Ouvertüre, ich konnte dein Antlitz nicht mehr sehen, nur deinen Atem fühlte ich so nah neben mir, wie damals in jener Nacht, und auf der samtenen Brüstung der Abteilung unserer Logen lag deine Hand aufgestützt, deine feine, zarte Hand. Und unendlich überkam mich das Verlangen, mich niederzubeugen und diese fremde, diese so geliebte Hand demütig zu küssen, deren zärtliche Umfassung ich einst gefühlt. Um mich wogte aufwühlend die Musik, immer leidenschaftlicher wurde das Verlangen, ich musste mich ankrampfen, mich gewaltsam aufreißen, so gewaltsam zog es meine Lippen hin zu deiner geliebten Hand. Nach dem ersten Akt bat ich meinen Freund, mit mir fortzugehen. Ich ertrug es nicht mehr, dich so fremd und so nah neben mir zu haben im Dunkel.

Aber die Stunde kam, sie kam noch einmal, ein letztes Mal in mein verschüttetes Leben. Fast genau vor einem Jahr ist es gewesen, am Tage nach deinem Geburtstage. Seltsam: Ich hatte alle die Stunden an dich gedacht, denn deinen Geburtstag, ihn feierte ich immer wie ein Fest. Ganz frühmorgens schon war ich ausgegangen und hatte die weißen Rosen gekauft, die ich dir wie alljährlich senden ließ zur Erinnerung an eine Stunde, die du vergessen hattest. Nachmittags fuhr ich mit dem Buben aus, führte ihn zu Demel in die Konditorei und abends ins Theater, ich wollte, auch er sollte diesen Tag, ohne seine Bedeutung zu wissen, irgendwie als einen mystischen Feiertag von Jugend her empfinden. Am nächsten Tage war ich dann mit meinem damaligen Freunde, einem jungen, reichen Brünner Fabrikanten, mit dem ich schon seit zwei Jahren zusammenlebte, der mich vergötterte, verwöhnte und mich ebenso heiraten wollte wie die andern und dem ich mich ebenso scheinbar grundlos verweigerte wie den andern, obwohl er mich und das Kind mit Geschenken überschüttete und selbst liebenswert war in seiner ein wenig dumpfen, knechtischen Güte. Wir gingen zusammen in ein Konzert, trafen dort heitere Gesellschaft, soupierten in einem Ringstraßenrestaurant, und dort, mitten im Lachen und Schwätzen, machte ich den Vorschlag, noch in ein Tanzlokal, in den Tabarin, zu gehen. Mir waren diese Art Lokale mit ihrer systematischen und alkoholischen Heiterkeit wie jede »Drahrerei« sonst immer widerlich, und ich wehrte mich sonst immer gegen derlei Vorschläge, diesmal aber – es war wie eine unergründliche magische Macht in mir, die mich plötzlich unbewusst den Vorschlag mitten in die freudig zustimmende Erregung der andern werfen ließ – hatte ich plötzlich ein unerklärliches Verlangen, als ob dort irgendetwas Besonderes mich erwarte. Gewohnt, mir gefällig zu sein, standen alle rasch auf, wir gingen hinüber, tranken Champagner, und in mich kam mit einem Mal eine ganz rasende, ja fast schmerzhafte Lustigkeit, wie ich sie nie gekannt. Ich trank und trank, sang die kitschigen Lieder mit und hatte fast den Zwang, zu tanzen oder zu jubeln. Aber plötzlich – mir war, als hätte etwas Kaltes oder etwas Glühendheißes sich mir jäh aufs Herz gelegt – riss es mich auf: Am Nachbartisch saßest du mit einigen Freunden und sahst mich an mit einem bewundernden und begehrenden Blick, mit jenem Blicke, der mir immer den ganzen Leib von innen aufwühlte. Zum ersten Mal seit zehn Jahren sahst du mich wieder an mit der ganzen unbewusst-leidenschaftlichen Macht deines Wesens. Ich zitterte. Fast wäre mir das erhobene Glas aus den Händen gefallen. Glücklicherweise merkten die Tischgenossen nicht meine Verwirrung: Sie verlor sich in dem Dröhnen von Gelächter und Musik.

Immer brennender wurde dein Blick und tauchte mich ganz in Feuer. Ich wusste nicht: Hattest du mich endlich, endlich erkannt, oder begehrtest du mich neu, als eine andere, als eine Fremde? Das Blut flog mir in die Wangen, zerstreut antwortete ich den Tischgenossen: Du musstest es merken, wie verwirrt ich war von deinem Blick. Unmerklich für die Übrigen machtest du mit einer Bewegung des Kopfes ein Zeichen, ich möchte für einen Augenblick hinauskommen in den Vorraum. Dann zahltest du ostentativ, nahmst Abschied von deinen Kameraden und gingst hinaus, nicht ohne zuvor noch einmal angedeutet zu haben, dass du draußen auf mich warten würdest. Ich zitterte wie im Frost, wie im Fieber, ich konnte nicht mehr Anwort geben, nicht mehr mein aufgejagtes Blut beherrschen. Zufälligerweise begann gerade in diesem Augenblick ein Negerpaar mit knatternden Absätzen und schrillen Schreien einen absonderlichen neuen Tanz: Alles starrte ihnen zu, und diese Sekunde nützte ich. Ich stand auf, sagte meinem Freunde, dass ich gleich zurückkäme, und ging dir nach.

Draußen im Vorraum vor der Garderobe standest du, mich erwartend: Dein Blick ward hell, als ich kam. Lächelnd eiltest du mir entgegen; ich sah sofort, du erkanntest mich nicht, erkanntest nicht das Kind von einst und nicht das Mädchen, noch einmal griffest du nach mir als einem Neuen, einem Unbekannten. »Haben Sie auch für mich einmal eine Stunde«, fragtest du vertraulich – ich fühlte an der Sicherheit deiner Art, du nahmst mich für eine dieser Frauen, für die Käufliche eines Abends. »Ja«, sagte ich, dasselbe zitternde und doch selbstverständliche einwilligende Ja, das dir das Mädchen vor mehr als einem Jahrzehnt auf der dämmernden Straße gesagt. »Und wann könnten wir uns sehen?«, fragtest du. »Wann immer Sie wollen«, antwortete ich – vor dir hatte ich keine Scham. Du sahst mich ein wenig verwundert an, mit derselben misstrauisch-neugierigen Verwunderung wie damals, als dich gleichfalls die Raschheit meines Einverständnisses erstaunt hatte. »Könnten Sie jetzt?«, fragtest du, ein wenig zögernd. »Ja«, sagte ich, »gehen wir.«

Ich wollte zur Garderobe, meinen Mantel holen.

Da fiel mir ein, dass mein Freund den Garderobenzettel hatte für unsere gemeinsam abgegebenen Mäntel. Zurückzugehen und ihn verlangen, wäre ohne umständliche Begründung nicht möglich gewesen, anderseits die Stunde mit dir preisgeben, die seit Jahren ersehnte, dies wollte ich nicht. So habe ich keine Sekunde gezögert: Ich nahm nur den Schal über das Abendkleid und ging hinaus in die nebelfeuchte Nacht, ohne mich um den Mantel zu kümmern, ohne mich um den guten, zärtlichen Menschen zu kümmern, von dem ich seit Jahren lebte und den ich vor seinen Freunden zum lächerlichsten Narren erniedrigte, zu einem, dem seine Geliebte nach Jahren wegläuft auf den ersten Pfiff eines fremden Mannes. Oh, ich war mir ganz der Niedrigkeit, der Undankbarkeit, der Schändlichkeit, die ich gegen einen ehrlichen Freund beging, im Tiefsten bewusst, ich fühlte, dass ich lächerlich handelte und mit meinem Wahn einen gütigen Menschen für immer tödlich kränkte, fühlte, dass ich mein Leben mitten entzweiriss – aber was war mir Freundschaft, was meine Existenz gegen die Ungeduld, wieder einmal deine Lippen zu fühlen, dein Wort weich gegen mich gesprochen zu hören. So habe ich dich geliebt, nun kann ich es dir sagen, da alles vorbei ist und vergangen. Und ich glaube, riefest du mich von meinem

Sterbebette, so käme mir plötzlich die Kraft, aufzustehen und mit dir zu gehen.

Ein Wagen stand vor dem Eingang, wir fuhren zu dir. Ich hörte wieder deine Stimme, ich fühlte deine zärtliche Nähe und war genauso betäubt, so kindisch-selig verwirrt wie damals. Wie stieg ich, nach mehr als zehn Jahren, zum ersten Mal wieder die Treppe empor – nein, nein, ich kann dir's nicht schildern, wie ich alles immer doppelt fühlte in jenen Sekunden, vergangene Zeit und Gegenwart, und in allem und allem immer nur dich. In deinem Zimmer war weniges anders, ein paar Bilder mehr, und mehr Bücher, da und dort fremde Möbel, aber alles doch grüßte mich vertraut. Und am Schreibtisch stand die Vase mit den Rosen darin – mit meinen Rosen, die ich dir tags vorher zu deinem Geburtstag geschickt als Erinnerung an eine, an die du dich doch nicht erinnertest, die du doch nicht erkanntest, selbst jetzt, da sie dir nahe war, Hand in Hand und Lippe an Lippe. Aber doch: Es tat mir wohl, dass du die Blumen hegtest: So war doch ein Hauch meines Wesens, ein Atem meiner Liebe um dich.

Du nahmst mich in deine Arme. Wieder blieb ich bei dir eine ganze herrliche Nacht. Aber auch im nackten Leibe erkanntest du mich nicht. Selig erlitt ich deine wissenden Zärtlichkeiten und sah, dass deine Leidenschaft keinen Unterschied macht zwischen einer Geliebten und einer Käuflichen, dass du dich ganz gibst an dein Begehren mit der unbedachten verschwenderischen Fülle deines Wesens. Du warst so zärtlich und lind zu mir, der vom Nachtlokal Geholten, so vornehm und so herzlich – achtungsvoll und doch gleichzeitig so leidenschaftlich im Genießen der Frau; wieder fühlte ich, taumelig vom alten Glück, diese einzige

Zweiheit deines Wesens, die wissende, die geistige Leidenschaft in der sinnlichen, die schon das Kind dir hörig gemacht. Nie habe ich bei einem Manne in der Zärtlichkeit solche Hingabe an den Augenblick gekannt, ein solches Ausbrechen und Entgegenleuchten des tiefsten Wesens –, freilich um dann hinzulöschen in eine unendliche, fast unmenschliche Vergesslichkeit. Aber auch ich vergaß mich selbst: Wer war ich nun im Dunkel neben dir? War ich's, das brennende Kind von einst, war ich's, die Mutter deines Kindes, war ich's, die Fremde? Ach, es war so vertraut, so erlebt alles, und alles wieder so rauschend neu in dieser leidenschaftlichen Nacht. Und ich betete, sie möchte kein Ende nehmen.

Aber der Morgen kam, wir standen spät auf, du ludest mich ein, noch mit dir zu frühstücken. Wir tranken zusammen den Tee, den eine unsichtbar dienende Hand diskret in dem Speisezimmer bereitgestellt hatte, und plauderten. Wieder sprachst du mit der ganzen offenen, herzlichen Vertraulichkeit deines Wesens zu mir und wieder ohne alle indiskreten Fragen, ohne alle Neugier nach dem Wesen, das ich war. Du fragtest nicht nach meinem Namen, nicht nach meiner Wohnung: Ich war dir wiederum nur das Abenteuer, das Namenlose, die heiße Stunde, die im Rauch des Vergessens spurlos sich löst. Du erzähltest, dass du jetzt weit weg reisen wolltest, nach Nordafrika für zwei oder drei Monate; ich zitterte mitten in meinem Glück, denn schon hämmerte es mir in den Ohren: Vorbei, vorbei und vergessen! Am liebsten wäre ich hin zu deinen Knien gestürzt und hätte geschrien: »Nimm mich mit, damit du mich endlich erkennst, endlich, endlich nach so vielen Jahren!« Aber ich war ja so scheu, so feige, so sklavisch, so schwach vor dir. Ich konnte nur sagen: »Wie schade.« Du sahst mich lächelnd an: »Ist es dir wirklich leid?«

Da fasste es mich wie eine plötzliche Wildheit. Ich stand auf, sah dich an, lange und fest. Dann sagte ich: »Der Mann, den ich liebte, ist auch immer weggereist.« Ich sah dich an, mitten in den Stern deines Auges. »Jetzt, jetzt wird er mich erkennen!«, zitterte, drängte alles in mir. Aber du lächeltest mir entgegen und sagtest tröstend: »Man kommt ja wieder zurück.« »Ja«, antwortete ich, »man kommt zurück, aber dann hat man vergessen.«

Es muss etwas Absonderliches, etwas Leidenschaftliches in der Art gewesen sein, wie ich dir das sagte. Denn auch du standest auf und sahst mich an, verwundert und sehr liebevoll. Du nahmst mich bei den Schultern: »Was gut ist, vergisst sich nicht, dich werde ich nicht vergessen«, sagtest du, und dabei senkte sich dein Blick ganz in mich hinein, als wollte er dies Bild sich festprägen. Und wie ich diesen Blick in mich eindringen fühlte, suchend, spürend, mein ganzes Wesen an sich saugend, da glaubte ich endlich, endlich den Bann der Blindheit gebrochen. Er wird mich erkennen, er wird mich erkennen! Meine ganze Seele zitterte in dem Gedanken.

Aber du erkanntest mich nicht. Nein, du erkanntest mich nicht, nie war ich dir fremder jemals als in dieser Sekunde, denn sonst – sonst hättest du nie tun können, was du wenige Minuten später tatest. Du hattest mich geküsst, noch einmal leidenschaftlich geküsst. Ich musste mein Haar, das sich verwirrt hatte, wieder zurechtrichten, und während ich vor dem Spiegel stand, da sah ich durch den Spiegel – und ich glaubte hinsinken zu müssen vor Scham und Entsetzen –, da sah ich, wie du in diskreter Art ein paar größere Banknoten in meinen Muff schobst. Wie habe ich's vermocht, nicht aufzuschreien, dir nicht ins Gesicht zu schlagen in dieser Sekunde – mich, die ich dich liebte von Kindheit an, die Mutter deines Kindes, mich zahltest du für diese Nacht! Eine Dirne aus dem Tabarin war ich dir, nicht mehr – bezahlt, bezahlt hattest du mich! Es war nicht genug, von dir vergessen, ich musste noch erniedrigt sein.

Ich tastete rasch nach meinen Sachen. Ich wollte fort, rasch fort. Es tat mir zu weh. Ich griff nach meinem Hut, er lag auf dem Schreibtisch, neben der Vase mit den weißen Rosen, meinen Rosen. Da erfasste es mich mächtig, unwiderstehlich: Noch einmal wollte ich es versuchen, dich zu erinnern. »Möchtest du mir nicht von deinen weißen Rosen eine geben?« »Gern«, sagtest du und nahmst sie sofort. »Aber sie sind dir vielleicht von einer Frau gegeben, von einer Frau, die dich liebt?«, sagte ich. »Vielleicht«, sagtest du, »ich weiß es nicht. Sie sind mir gegeben und ich weiß nicht von wem; darum liebe ich sie so.« Ich sah dich an. »Vielleicht sind sie auch von einer, die du vergessen hast!«

Du blicktest erstaunt. Ich sah dich fest an. »Erkenne mich, erkenne mich endlich!«, schrie mein Blick. Aber dein Auge lächelte freundlich und unwissend. Du küsstest mich noch einmal. Aber du erkanntest mich nicht.

Ich ging rasch zur Tür, denn ich spürte, dass mir Tränen in die Augen schossen, und das solltest du nicht sehen. Im Vorzimmer – so hastig war ich hinausgeeilt – stieß ich mit Johann, deinem Diener, fast zusammen. Scheu und eilfertig sprang er zur Seite, riss die Haustür auf, um mich hinauszulassen, und da – in dieser einen, hörst du? in dieser einen Sekunde, da ich ihn ansah, mit tränenden Augen ansah, den gealterten Mann, da zuckte ihm plötzlich ein Licht in den Blick. In dieser einen Sekunde, hörst du? in dieser einen Sekunde, hat der alte Mann mich erkannt, der mich seit meiner Kindheit nicht gesehen. Ich hätte hinknien können vor ihm für dieses Erkennen und ihm die Hände küssen. So riss ich nur die Banknoten, mit denen du mich gegeißelt, rasch aus dem Muff und steckte sie ihm zu. Er zitterte, sah erschreckt zu mir auf – in dieser Sekunde hat er vielleicht mehr geahnt von mir als du in deinem ganzen Leben. Alle, alle Menschen haben mich verwöhnt, alle waren zu mir gütig – nur du, nur du, du hast mich vergessen, nur du, nur du hast mich nie erkannt!

*

Mein Kind ist gestorben, unser Kind – jetzt habe ich niemanden mehr in der Welt, ihn zu lieben, als dich. Aber wer bist du mir, du, der du mich niemals, niemals erkennst, der an mir vorübergeht wie an einem Wasser, der auf mich tritt wie auf einen Stein, der immer geht und weitergeht und mich lässt in ewigem Warten? Einmal vermeinte ich dich zu halten, dich, den Flüchtigen, in dem Kinde. Aber es war dein Kind: Über Nacht ist es grausam von mir gegangen, eine Reise zu tun, es hat mich vergessen und kehrt nie zurück. Ich bin wieder allein, mehr allein als jemals, nichts habe ich, nichts von dir – kein Kind mehr, kein Wort, keine Zeile, kein Erinnern, und wenn jemand meinen Namen nennen würde vor dir, du hörtest an ihm fremd vorbei. Warum soll ich nicht gerne sterben, da ich dir tot bin, warum nicht weitergehen, da du von mir gegangen bist? Nein, Geliebter, ich klage nicht wider dich,

ich will dir nicht meinen Jammer hinwerfen in dein heiteres Haus. Fürchte nicht, dass ich dich weiter bedränge – verzeih mir, ich musste mir einmal die Seele ausschreien in dieser Stunde, da das Kind dort tot und verlassen liegt. Nur dies eine Mal musste ich sprechen zu dir – dann gehe ich wieder stumm in mein Dunkel zurück, wie ich immer stumm neben dir gewesen. Aber du wirst diesen Schrei nicht hören, solange ich lebe – nur wenn ich tot bin, empfängst du dies Vermächtnis von mir, von einer, die dich mehr geliebt als alle, und die du nie erkannt, von einer, die immer auf dich gewartet und die du nie gerufen. Vielleicht, vielleicht wirst du mich dann rufen, und ich werde dir ungetreu sein zum ersten Mal, ich werde dich nicht mehr hören aus meinem Tod: Kein Bild lasse ich dir und kein Zeichen, wie du mir nichts gelassen; nie wirst du mich erkennen, niemals. Es war mein Schicksal im Leben, es sei es auch in meinem Tod. Ich will dich nicht rufen in meine letzte Stunde, ich gehe fort, ohne dass du meinen Namen weißt und mein Antlitz. Ich sterbe leicht, denn du fühlst es nicht von ferne. Täte es dir weh, dass ich sterbe, so könnte ich nicht sterben.

Ich kann nicht mehr weiterschreiben ... mir ist so dumpf im Kopfe ... die Glieder tun mir weh, ich habe Fieber ... ich glaube, ich werde mich gleich hinlegen müssen. Vielleicht ist es bald vorbei, vielleicht ist mir einmal das Schicksal gütig, und ich muss es nicht mehr sehen, wie sie das Kind wegtragen ... Ich kann nicht mehr schreiben. Leb wohl, Geliebter, leb wohl, ich danke dir ... Es war gut, wie es war, trotz alledem ... ich will dir's danken bis zum letzten Atemzug. Mir ist wohl: Ich habe dir alles gesagt, du weißt nun, nein, du ahnst nur, wie sehr ich dich geliebt, und hast doch von dieser Liebe keine Last. Ich werde dir nicht fehlen – das tröstet mich. Nichts wird anders sein in deinem schönen, hellen Leben ... ich tue dir nichts mit meinem Tod ... das tröstet mich, du Geliebter.

Aber wer ... wer wird dir jetzt immer die weißen Rosen senden zu deinem Geburtstag? Ach, die Vase wird leer sein, der kleine Atem, der kleine Hauch von meinem Leben, der einmal im Jahre um dich wehte, auch er wird verwehen! Geliebter, höre, ich bitte dich ... es ist meine erste und letzte Bitte an dich ... tu mir's zuliebe, nimm an jedem Geburtstag – es ist ja ein Tag, wo man an sich denkt –, nimm da Rosen und tu sie in die Vase. Tu's, Geliebter, tu es so, wie andere einmal im Jahre eine Messe lesen lassen für eine liebe Verstorbene. Ich aber glaube nicht an Gott mehr und will keine Messe, ich glaube nur an dich, ich liebe nur dich und will nur in dir noch weiterleben ... ach, nur einen Tag im Jahr, ganz, ganz still nur, wie ich neben dir gelebt ... Ich bitte dich, tu es, Geliebter ... es ist meine erste Bitte an dich und die letzte ... ich danke dir ... ich liebe dich, ich liebe dich ... lebe wohl ...

*

Er legte den Brief aus den zitternden Händen. Dann sann er lange nach. Verworren tauchte irgendein Erinnern auf an ein nachbarliches Kind, an ein Mädchen, an eine Frau im Nachtlokal, aber ein Erinnern, undeutlich und verworren, so wie ein Stein flimmert und formlos zittert am Grunde fließenden Wassers. Schatten strömten zu und fort, aber es wurde kein Bild. Er fühlte Erinnerungen des Gefühls und erinnerte sich doch nicht. Ihm war, als ob er von all diesen

Gestalten geträumt hätte, oft und tief geträumt, aber doch nur geträumt.

Da fiel sein Blick auf die blaue Vase vor ihm auf dem Schreibtisch. Sie war leer, zum ersten Mal leer seit Jahren an seinem Geburtstag. Er schrak zusammen: Ihm war, als sei plötzlich eine Tür unsichtbar aufgesprungen, und kalte Zugluft ströme aus anderer Welt in seinen ruhenden Raum. Er spürte einen Tod und spürte unsterbliche Liebe: Innen brach etwas auf in seiner Seele, und er dachte an die Unsichtbare körperlos und leidenschaftlich wie an eine ferne Musik.

Zu dieser Ausgabe

Der Text folgt der Erstausgabe:

> Brief einer Unbekannten. In: Stefan Zweig: Amok. Novellen einer Leidenschaft. Leipzig: Insel, 1922.

Die Orthographie wurde behutsam modernisiert. Der Gebrauch der wörtlichen Rede sowie die Interpunktion bei Einschüben mit Gedankenstrichen wurde an die gültigen Regeln angepasst. Die öffnenden Anführungszeichen am Briefbeginn (hier S. 8) wurden getilgt, da die schließenden (S. 57) auch in der Druckvorlage fehlen. Ansonsten blieb die Zeichensetzung gewahrt. Pronomina (du) werden kleingeschrieben.

Hervorhebungen durch Sperrsatz werden hier gesperrt wiedergegeben, der Schriftwechsel von Fraktur zu Antiqua bei fremdsprachigen Ausdrücken kursiv.

Nachwort

»Wie habe ich's vermocht, nicht aufzuschreien?«

Im Januar 1941 schrieb Stefan Zweig in New York die Erzählung *Die spät bezahlte Schuld*. Sie wurde im Juni, in englischer Übersetzung, in der *Chicago Sunday Tribune* erstmals veröffentlicht und brachte dem Verfasser ein gutes Honorar. Die Geschichte spielt in Innsbruck, erzählt wird von der obsessiven Verliebtheit des fünfzehnjährigen Mädchens Margaret in den Schauspieler Peter Sturzentaler, mit Künstlernamen Peter Sturz, Mitglied im Ensemble des Stadttheaters.

›Schuldig‹ macht sich die Gymnasiastin nicht deswegen, weil sie ihr Idol, wie man heute sagen würde, stalkt, sondern weil sie sich dem Verehrten, in dessen Wohnung sie gestürmt war, unverblümt darbietet. Aber aus der Liebesnacht mit dem Bühnenhelden wird nichts, weil Peter Sturz ein anständiger Kerl ist, die Gelegenheit nicht ausnützt und das Mädchen kurzerhand nach Hause schickt.

Mehr als ein Vierteljahrhundert später kann Margaret ihrer Freundin Helene das Geheimnis ihrer Jugend anvertrauen. Der Anlass dazu: Margaret, nun Gattin eines Arztes, verbringt in Südtirol einen Erholungsurlaub. In einem Dorfwirtshaus oberhalb von Bozen begegnet sie dem inzwischen alt und wunderlich gewordenen Schauspieler. Und sie findet eine sympathische Form, ihre ›Schuld‹ zu ›bezahlen‹, sich bei ihm für seine damalige Besonnenheit zu bedanken. Ihrer Freundin schreibt Margaret nun einen langen Brief, belächelt ihre hysterische Verliebtheit von damals und berichtet von den Umständen der kuriosen Wiederbegegnung mit Peter Sturz in den Südtiroler Bergen.

Mit seiner Brieferzählung *Die spät bezahlte Schuld* griff Zweig auf ein bewährtes Muster zurück, das er 20 Jahre zuvor in der Novelle *Brief einer Unbekannten* meisterhaft erprobt hatte. Auch hier ist es eine Frau, die in einem Brief von einer jugendlich-fanatischen, und wie sich herausstellen wird, selbstzerstörerischen Verliebtheit in einen Künstler berichtet. Die Ereignisse liegen ebenfalls Jahre zurück, in dieser Geschichte handelt es sich jedoch nicht um einen Schauspieler, sondern um einen Schriftsteller. Auch hier wird ein umfangreiches Geständnis abgelegt: »Zwei Dutzend hastig beschriebene Seiten in fremder, unruhiger Frauenschrift, ein Manuskript eher als ein Brief.« (S. 7)

Aber nicht an eine Freundin aus Jugendzeiten ist der Brief adressiert, sondern an ihn selbst, den vergeblich Geliebten, den Vater eines gemeinsamen Kindes, das kurz zuvor verstorben ist. Begreiflich also, dass die Verfasserin keinen heiter-selbstironischen Ton anschlägt, handelt es sich doch um den endgültigen Abschiedsbrief, der zudem die Nachricht enthält, dass die Verfasserin schon im Sterben liegt.

Zweig schildert eine Frau, die sich noch ein letztes Mal im Schreiben, mit der Kraft der Erinnerung, gegen die Ereignisse wehren möchte. So arbeitet sie alle Stationen ihrer fatalen Liebesgeschichte noch einmal durch, beginnend mit ihrer Kindheit, ihrer Jugend. Unvergessen ist vor allem die Missachtung, die sie erlebt hat, die Beliebigkeit der Liebe, die austauschbare Zuwendung, die dieser »geborene Verführer« auch in ihrem Fall praktiziert hat:

> Ich habe ja später, habe es bald erfahren, dass du diesen umfangenden, an dich ziehenden, diesen umhüllenden

> und doch zugleich entkleidenden Blick, diesen Blick des geborenen Verführers, jeder Frau hingibst, die an dich streift, jedem Ladenmädchen, das dir verkauft, jedem Stubenmädchen, das dir die Tür öffnet … (S. 16)

Es stimmt. Der bekannte Romanschriftsteller R. hat ein schlechtes Personengedächtnis, er weiß nicht mehr, dass er dieser jungen Frau schon wiederholt begegnet ist, dass er drei Nächte mit ihr verbracht hat, ja, er kann sich, als er sie nun ein weiteres Mal sieht, wieder nicht an sie erinnern. Für ihn ist eine Frau wie die andere, man küsst sie, nimmt sie in den Arm und geht im nächsten Moment an ihr vorbei, als würde sie nicht existieren:

> Aber wer bist du mir, du, der du mich niemals, niemals erkennst, der an mir vorübergeht wie an einem Wasser, der auf mich tritt wie auf einen Stein, der immer geht und weitergeht und mich lässt in ewigem Warten? (S. 55)

Zweig erzählt die Tragödie einer Frau, die sich aus dem Labyrinth einer hoffnungslosen Verliebtheit nicht befreien kann. Ihr Schicksal geht uns auch deswegen so nahe, weil es uns nicht von einem neutralen Erzähler aus zweiter Hand geschildert, sondern in einem vertraulichen Brief mitgeteilt wird, wir also den »Zwiegesprächston der seelischen Intimität« hören und so in das »Fluidum von Gemeinsamkeit« eintauchen können.[1] Im Brief dominiert immer noch

1 Stefan Zweig, *Über den Brief*, in: *Brief an Otto Heuschele vom 27. Oktober 1924*, in: S. Z., *Briefe 1920–1931*, hrsg. von Knut Beck und Jeffrey B. Berlin, Frankfurt a. M. 2000, S. 127.

eine tiefe Sympathie für diesen Mann, wenn zwischendurch ihre Diagnose auch schonungslos ist, »denn du liebst ja nur das Leichte, das Spielende, das Gewichtlose« (S. 35).

Zuletzt behandelt der Romanschriftsteller R. die, die ihn seit Jahren aus tiefster Seele liebt, wie eine Prostituierte. Und die Briefschreiberin sucht nach den Gründen, warum sie sich nicht wehren kann.

> ... und während ich vor dem Spiegel stand, da sah ich durch den Spiegel – und ich glaubte hinsinken zu müssen vor Scham und Entsetzen –, da sah ich, wie du in diskreter Art ein paar größere Banknoten in meinen Muff schobst. Wie habe ich's vermocht, nicht aufzuschreien, dir nicht ins Gesicht zu schlagen in dieser Sekunde – mich, die ich dich liebte von Kindheit an, die Mutter deines Kindes, mich zahltest du für diese Nacht! Eine Dirne aus dem Tabarin war ich dir, nicht mehr – bezahlt, bezahlt hattest du mich! Es war nicht genug, von dir vergessen, ich musste noch erniedrigt sein. (S. 53 f.)

Die Frau hat aufgegeben, hat sich aufgegeben. Nach all den Demütigungen kann sie nicht mehr weiterleben. Der Tod des Sohnes gab den letzten Stoß. Noch im Sterben spricht sie zu ihrem »Geliebten«, aber das Schreckliche ist ja, dass es eben diese Liebe ist, die eine selbstzerstörerische Wirkung hat.

»In meinen Novellen«, schreibt Stefan Zweig in den Erinnerungen *Die Welt von Gestern*, »ist es immer der dem Schicksal Unterliegende, der mich anzieht, in den Biographien die Gestalt eines, der nicht im realen Raume des

Erfolgs, sondern einzig im moralischen Sinne rechtbehält.«[2] Diese Einschätzung trifft auch auf mehrere weibliche Figuren in Zweigs Erzählungen zu. Es handelt sich fast immer um Frauen, die durch extreme emotionale Erschütterungen aus der Bahn geworfen werden, die unter unkontrollierbaren Gefühlszuständen zu leiden haben. Sie neigen gelegentlich zu Aggression, häufiger jedoch zur Selbstzerstörung.

Zweigs Frauenschicksale berühren deswegen so stark, weil sie aus ihrem Blick erzählt werden. Man denke etwa an die Novellen *Praterfrühling*, *Angst*, *Die Liebe der Erika Ewald* und *Leporella*, vor allem auch an *Vierundzwanzig Stunden aus dem Leben einer Frau*. Auch in seinen großen Biographien über Marie Antoinette und Maria Stuart kommt es Zweig darauf an, die seelischen Nöte der Frauen nacherlebbar zu machen.

Wie hat Zweig, wird man fragen, über das Frauenbild Anfang des 20. Jahrhunderts gedacht? In seinen Erinnerungen, der *Welt von Gestern*, ist von unterdrückter Sexualität und gesellschaftlicher Doppelmoral die Rede. Für die Frauen, so Zweig, brachten die Erziehungsideale bedrückende Umstände mit sich:

> »Gut erzogen« galt damals bei einem jungen Mädchen für vollkommen identisch mit lebensfremd; und diese Lebensfremdheit ist den Frauen jener Zeit manchmal für ihr ganzes Leben geblieben.[3]

2 Stefan Zweig, *Die Welt von Gestern. Erinnerungen eines Europäers*, hrsg. von Klemens Renoldner, Stuttgart 2020, S. 186 f.

3 Ebd., S. 93.

Zweigs Befund ist deutlich:

> Aber so wollte die Gesellschaft von damals das junge Mädchen, töricht und unbelehrt, wohlerzogen und ahnungslos, neugierig und schamhaft, unsicher und unpraktisch, und durch diese lebensfremde Erziehung von vornherein bestimmt, in der Ehe dann willenlos vom Manne geformt und geführt zu werden.[4]

Überhaupt sollte die Erziehung dem üblichen Schema folgen: »Der Mann forsch, ritterlich und aggressiv, die Frau scheu, schüchtern und defensiv, Jäger und Beute, statt gleich und gleich.«[5]

Mit welcher Überheblichkeit die jungen Herren um die Jahrhundertwende auf Freundinnen und Geliebte herabgesehen haben, hat auch der mit Stefan Zweig befreundete Schriftsteller Joseph Roth so treffend beschrieben. Im fünften Kapitel des Romans *Die Kapuzinergruft* (1938) berichtet Franz Ferdinand Trotta von seinen unverbindlichen Liebschaften:

> Es war damals, kurz vor dem grossen Kriege, ein höhnischer Hochmut in Schwung, ein eitles Bekenntnis zur sogenannten »Dekadenz«, zu einer halb-gespielten und outrierten Müdigkeit und einer Gelangweiltheit ohne Grund. In dieser Atmosphäre verlebte ich meine besten Jahre. In dieser Atmosphäre hatten Gefühle kaum einen Platz, Leidenschaften gar waren verpönt. Meine Freun-

4 Ebd., S. 94.
5 Ebd., S. 88.

de hatten kleine, ja, unbedeutende »Liaisons«, Frauen, die man ablegte, manchmal sogar herlieh wie Überzieher; Frauen, die man vergass, wie Regenschirme, oder absichtlich liegen ließ, wie lästige Pakete, nach denen man sich nicht umsieht, aus Angst, sie könnten einem nachgetragen werden. In dem Kreis, in dem ich verkehrte, galt die Liebe als eine Verirrung, ein Verlöbnis war so etwas wie eine Apoplexie und eine Ehe ein Siechtum. Wir waren jung. An eine Heirat dachte man zwar als eine unausbleibliche Folge des Lebens, aber ähnlich, wie man an eine Sklerose denkt, die wahrscheinlich in zwanzig oder dreissig Jahren notwendig eintreten muss.[6]

*

Die Erzählung entstand 1921 in Salzburg und wurde unter dem Titel *Der Brief einer Unbekannten* erstmals in der Neujahrsausgabe (1. Januar 1922) der Wiener Tageszeitung *Neue Freie Presse* veröffentlicht. In Zweigs drittem Novellenband *Amok. Novellen einer Leidenschaft*, der im Oktober 1922 im Insel-Verlag, Leipzig, erschien, wurde die Erzählung unter dem verkürzten Titel *Brief einer Unbekannten* erneut abgedruckt. Auch in die zweibändige Ausgabe von gesammelten Erzählungen, die Zweig 1936 im Reichner-Verlag, Wien, unter den Titeln *Die Kette* und *Kaleidoskop*

6 Joseph Roth, *Die Kapuzinergruft. Roman*, hrsg. von Werner Bellmann, Stuttgart 2013 (Reclams Universal-Bibliothek Nr. 18883), S. 19 f.

herausbrachte, wurde *Brief einer Unbekannten*, mit einigen geringfügigen Änderungen, aufgenommen.

Von der Erzählung existiert zudem ein frühes Manuskript, das Zweig 1922 in einer Faksimile-Edition veröffentlichte. Diese handschriftliche Fassung der Erzählung, 54 Seiten, ist mit »18.–27. September 1921« datiert. Es handelt sich um eine vorläufige Textstufe, die in vielen Details von der publizierten Fassung abweicht.[7]

Brief einer Unbekannten wurde einer der größten Erfolge des Autors. Die Erzählung wurde schon in den 1920er Jahren in viele Sprachen übersetzt und bisher neunmal verfilmt. Unter dem Titel *Narkose* entstand 1929 ein deutscher Stummfilm, zu dem Béla Balázs das Drehbuch geschrieben hatte. Besondere Berühmtheit erlangte die amerikanische Realisierung durch Max Ophüls aus dem Jahre 1948, in der Joan Fontaine die Hauptrolle spielte.

Außerdem existieren zahlreiche Hörspielfassungen sowie Dramatisierungen für die Bühne. Der englische Dramatiker Christopher Hampton bearbeitete 2020 die Novelle unter dem Titel *Geheimnis einer Unbekannten*.

Klemens Renoldner

7 Über die Entstehung der Novelle und die Geschichte ihrer unterschiedlichen Veröffentlichungen zu Lebzeiten des Autors gibt der Kommentar in der Studienausgabe detailliert Auskunft: Stefan Zweig, *Verwirrung der Gefühle. Die Erzählungen*, Bd. 2: *1913–1926*, hrsg. von Elisabeth Erdem und Klemens Renoldner, Wien 2019, S. 743–749.

Inhalt